Réserve.
g. Ye. 6.

FABLES

DE

LA FONTAINE

———

TOME II

FABLES

DE

LA FONTAINE

ÉDITION ILLUSTRÉE
DE 75 PLANCHES A L'EAU-FORTE

PAR

A. DELIERRE

TOME SECOND

PARIS
A. QUANTIN, IMPRIMEUR-ÉDITEUR
7, RUE SAINT-BENOIT
1883

AVERTISSEMENT

oicy un fecond reçüeil de Fables que je prefente au public; j'ay jugé à propos de donner à la plufpart de celles-cy un air, & un tour un peu different de celuy que j'ay donné aux premieres; tant à caufe de la difference des fujets, que pour remplir de plus de varieté mon Ouvrage. Les traits familiers que j'ay femez avec affez d'abondance dans les deux autres parties, convenoient bien mieux aux inventions d'Efope, qu'à ces dernieres, où j'en ufe plus fobrement, pour ne pas tomber en des repetitions : car le nombre de ces traits n'eft pas infiny. Il a donc falu que j'aye cherché d'autres enrichiffemens, & étendu davantage les circonftances de ces recits, qui d'ailleurs me fem-

bloient le demander de la forte. Pour peu que le Lecteur y prenne garde, il le reconnoiftra luy-mefme ; ainfi je ne tiens pas qu'il foit neceffaire d'en étaler icy les raifons : non plus que de dire où j'ay puifé ces derniers fujets. Seulement je diray par reconnoiffance que j'en dois la plus grande partie à Pilpay fage Indien. Son Livre a efté traduit en toutes les Langues. Les gens du païs le croyent fort ancien, & original à l'égard d'Efope ; fi ce n'eft Efope luy-mefme fous le nom du fage Locman. Quelques autres m'ont fourny des fujets affez heureux. Enfin j'ay tafché de mettre en ces deux dernieres Parties toute la diverfité dont j'eftois capable. Il s'eft gliffé quelques fautes dans l'impreffion ; j'en ay fait faire un Errata ; mais ce font de legers remedes pour un défaut confiderable. Si on veut avoir quelque plaifir de la lecture de cét Ouvrage, il faut que chacun faffe corriger ces fautes à la main dans fon Exemplaire, ainfi qu'elles font marquées par chaque Errata, auffi bien pour les deux premieres Parties, que pour les dernieres.

A

MADAME DE MONTESPAN

L'Apologue eſt un don qui vient des immortels;
   Ou ſi c'eſt un preſent des hommes,
Quiconque nous l'a fait merite des Autels.
   Nous devons tous tant que nous ſommes
   Eriger en divinité
Le Sage par qui fut ce bel art inventé.
C'eſt proprement un charme : il rend l'ame attentive,
   Ou pluſtoſt il la tient captive,

Nous attachant à des recits
Qui meinent à son gré les cœurs & les esprits.
O vous qui l'imitez, Olimpe, si ma Muse
A quelquefois pris place à la table des Dieux,
Sur ses dons aujourd'huy daignez porter les yeux,
Favorisez les jeux où mon esprit s'amuse.
Le temps qui détruit tout, respectant vostre appuy
Me laissera franchir les ans dans cet ouvrage :
Tout Auteur qui voudra vivre encore apres luy,
  Doit s'acquerir vostre suffrage.
C'est de vous que mes vers attendent tout leur prix :
  Il n'est beauté dans nos écrits
Dont vous ne connoissiez jusques aux moindres traces ;
Eh qui connoist que vous les beautez & les graces ?
Paroles & regards, tout est charme dans vous.
  Ma Muse en un sujet si doux
  Voudroit s'étendre davantage ;
Mais il faut reserver à d'autres cet employ,
  Et d'un plus grand maistre que moy
  Vostre loüange est le partage.
Olimpe, c'est assez qu'à mon dernier ouvrage
Vostre nom serve un jour de rempart & d'abri :
Protegez desormais le livre favori
Par qui j'ose esperer une seconde vie :
  Sous vos seuls auspices ces vers
  Seront jugez malgré l'envie
  Dignes des yeux de l'Univers.
Je ne merite pas une faveur si grande :
  La Fable en son nom la demande :

Vous sçavez quel credit ce mensonge a sur nous ;
S'il procure à mes vers le bonheur de vous plaire,
Je croiray luy devoir un temple pour salaire ;
Mais je ne veux bastir des temples que pour vous.

LIVRE SEPTIÈME

A. Delierre sc.   Imp. A. Quantin

I

LES ANIMAUX MALADES DE LA PESTE

Vn mal qui répand la terreur,
Mal que le Ciel en fa fureur
Inventa pour punir les crimes de la terre,
La Pefte (puis qu'il faut l'appeller par fon nom)
Capable d'enrichir en un jour l'Acheron,
Faifoit aux animaux la guerre.
Ils ne mouroient pas tous, mais tous eſtoient frappez.
On n'en voyoit point d'occupez
A chercher le foûtien d'une mourante vie;
Nul mets n'excitoit leur envie.
Ni Loups ni Renards n'épioient
La douce & l'innocente proye.

Les Tourterelles fe fuyoient;
Plus d'amour, partant plus de joye.
Le Lion tint confeil, & dit; Mes chers amis,
Je crois que le Ciel a permis
Pour nos pechez cette infortune;
Que le plus coupable de nous
Se facrifie aux traits du celefte courroux,
Peut-eftre il obtiendra la guerifon commune.
L'hiftoire nous apprend qu'en de tels accidens
On fait de pareils dévoûmens :
Ne nous flatons donc point, voyons fans indulgence
L'état de noftre confcience.
Pour moy, fatisfaifant mes appetits gloutons
J'ay devoré force moutons;
Que m'avoient-ils fait? nulle offenfe :
Mefme il m'eft arrivé quelquefois de manger
Le Berger.
Je me dévoûray donc, s'il le faut; mais je penfe
Qu'il eft bon que chacun s'accufe ainfi que moy :
Car on doit fouhaiter felon toute juftice
Que le plus coupable periffe.
Sire, dit le Renard, vous eftes trop bon Roy;
Vos fcrupules font voir trop de delicateffe;
Et bien, manger moutons, canaille, fotte efpece,
Eft-ce un peché? Non non : Vous leur fiftes Seigneur
En les croquant beaucoup d'honneur.
Et quant au Berger l'on peut dire
Qu'il eftoit digne de tous maux,
Eftant de ces gens-là qui fur les animaux

Se font un chimerique empire.
Ainſi dit le Renard, & flateurs d'applaudir.
On n'oſa trop approfondir
Du Tigre, ni de l'Ours, ni des autres puiſſances
Les moins pardonnables offenſes.
Tous les gens querelleurs, jusqu'aux ſimples maſtins,
Au dire de chacun eſtoient de petits ſaints.
L'Aſne vint à ſon tour & dit : J'ay ſouvenance
Qu'en un pré de Moines paſſant
La faim, l'occaſion, l'herbe tendre, & je penſe
Quelque diable auſſi me pouſſant,
Je tondis de ce pré la largeur de ma langue.
Je n'en avois nul droit, puis qu'il faut parler net.
A ces mots on cria haro ſur le baudet.
Un Loup quelque peu clerc prouva par ſa harangue
Qu'il faloit dévoüer ce maudit animal,
Ce pelé, ce galeux, d'où venoit tout leur mal.
Sa peccadille fut jugée un cas pendable.
Manger l'herbe d'autruy! quel crime abominable!
Rien que la mort n'eſtoit capable
D'expier ſon forfait : on le luy fit bien voir.
Selon que vous ſerez puiſſant ou miſerable,
Les jugemens de Cour vous rendront blanc ou noir.

II

LE MAL MARIÉ

Que le bon foit toûjours camarade du beau,
  Dés demain je chercheray femme;
Mais comme le divorce entre eux n'eſt pas nouveau,
Et que peu de beaux corps hoſtes d'une belle ame
  Aſſemblent l'un & l'autre poinct,
Ne trouvez pas mauvais que je ne cherche point.
J'ay veu beaucoup d'Hymens, aucuns d'eux ne me tentent :
Cependant des humains preſque les quatre parts
S'expoſent hardiment au plus grand des hazards;
Les quatre parts auſſi des humains ſe repentent.

J'en vais alleguer un qui s'eftant repenti,
  Ne put trouver d'autre parti,
  Que de renvoyer fon époufe
  Querelleufe, avare, & jaloufe.
Rien ne la contentoit, rien n'eftoit comme il faut,
On fe levoit trop tard, on fe couchoit trop toft,
Puis du blanc, puis du noir, puis encore autre chofe;
Les valets enrageoient, l'époux eftoit à bout;
Monfieur ne fonge à rien, Monfieur dépenfe tout,
  Monfieur court, Monfieur fe repofe.
  Elle en dit tant, que Monfieur à la fin
  Laffé d'entendre un tel lutin,
  Vous la renvoye à la campagne
  Chez fes parens. La voila donc compagne
De certaines Philis qui gardent les dindons
  Avec les gardeurs de cochons.
Au bout de quelque-temps qu'on la crut adoucie,
Le mary la reprend. Eh bien qu'avez-vous fait?
  Comment paffiez-vous voftre vie?
L'innocence des champs eft-elle vôtre fait?
  Affez, dit-elle; mais ma peine
Eftoit de voir les gens plus pareffeux qu'icy :
  Ils n'ont des troupeaux nul foucy.
Je leur fçavois bien dire, & m'attirois la haine
  De tous ces gens fi peu foigneux.
Eh, Madame, reprit fon époux tout à l'heure,
  Si voftre efprit eft fi hargneux
  Que le monde qui ne demeure
Qu'un moment avec vous, & ne revient qu'au foir,

Eſt déjà laſſé de vous voir,
Que feront des valets qui toute la journée
Vous verront contre eux déchaînée?
Et que pourra faire un époux
Que vous voulez qui ſoit jour & nuit avec vous?
Retournez au village : adieu : fi de ma vie
Je vous rappelle, & qu'il m'en prenne envie,
Puiſſay-je chez les morts avoir pour mes pechez,
Deux femmes comme vous ſans ceſſe à mes coſtez.

A. Delierre sc.   Imp. A. Quantin

III

LE RAT QUI S'EST RETIRÉ DU MONDE

Les Levantins en leur legende
Difent qu'un certain Rat las des foins d'icy bas,
 Dans un fromage de Hollande
 Se retira loin du tracas.
 La folitude eftoit profonde,
 S'étendant par tout à la ronde.
Noftre hermite nouveau fubfiftoit la dedans.
 Il fit tant de pieds & de dents
Qu'en peu de jours il eut au fond de l'hermitage
Le vivre & le couvert; que faut-il davantage?
Il devint gros & gras; Dieu prodigue fes biens
 A ceux qui font vœu d'eftre fiens.

Un jour au devot perfonnage
Des deputez du peuple Rat
S'en vinrent demander quelque aumône legere :
Ils alloient en terre étrangere
Chercher quelque fecours contre le peuple chat;
Ratopolis eftoit bloquée :
On les avoit contraints de partir fans argent,
Attendu l'eftat indigent
De la Republique attaquée.
Ils demandoient fort peu, certains que le fecours
Seroit preft dans quatre ou cinq jours.
Mes amis, dit le Solitaire,
Les chofes d'icy bas ne me regardent plus :
En quoy peut un pauvre Reclus
Vous affifter? que peut-il faire,
Que de prier le ciel qu'il vous aide en cecy?
J'efpere qu'il aura de vous quelque foucy.
Ayant parlé de cette forte,
Le nouveau Saint ferma fa porte.
Qui defignay-je à voftre avis
Par ce Rat fi peu fecourable?
Un Moine? non, mais un Dervis;
Je fuppofe qu'un Moine eft toûjours charitable.

IV.

LE HÉRON

LA FILLE

Un jour fur fes longs pieds alloit je ne fçais où,
Le Héron au long bec emmanché d'un long cou.
   Il coftoyoit une riviere.
L'onde eftoit tranfparente ainfi qu'aux plus beaux jours;
Ma commere la carpe y faifoit mille tours,
   Avec le brochet fon compere.
Le Héron en euft fait aifément fon profit :
Tous approchoient du bord, l'oifeau n'avoit qu'à prendre;
   Mais il crût mieux faire d'attendre
   Qu'il eût un peu plus d'appetit.

Il vivoit de regime, & mangeoit à fes heures.
Apres quelques momens l'appetit vint; l'oifeau
   S'approchant du bord vid fur l'eau
Des Tanches qui fortoient du fond de ces demeures.
Le mets ne luy plut pas; il s'attendoit à mieux;
   Et montroit un gouft dédaigneux
  Comme le Rat du bon Horace.
Moy des Tanches? dit-il, moy Héron que je fafle
Une fi pauvre chere? & pour qui me prend-on?
La Tanche rebutée il trouva du goujon.
Du goujon! c'eft bien-là le difné d'un Héron!
J'ouvrirois pour fi peu le bec! aux Dieux ne plaife.
Il l'ouvrit pour bien moins : tout alla de façon
   Qu'il ne vid plus aucun poiffon.
La faim le prit; il fut tout heureux & tout aife
   De rencontrer un Limaçon.
   Ne foyons pas fi difficiles :
Les plus accommodans ce font les plus habiles :
On hazarde de perdre en voulant trop gagner.
   Gardez-vous de rien dédaigner;
Sur tout quand vous avez à peu prés voftre compte
Bien des gens y font pris; ce n'eft pas aux Hérons
Que je parle; écoutez, humains, un autre conte;
Vous verrez que chez vous j'ay puifé ces leçons.

Certaine fille un peu trop fiere
    Prétendoit trouver un mary
Jeune, bien-fait, & beau, d'agreable maniere,
Point froid & point jaloux; notez ces deux poinćts-cy.
    Cette fille vouloit auſſi
    Qu'il euſt du bien, de la naiſſance,
De l'eſprit, enfin tout : mais qui peut tout avoir?
Le deſtin ſe montra ſoigneux de la pourvoir :
    Il vint des partis d'importance.
La belle les trouva trop chetifs de moitié.
Quoy moy? quoy ces gens-là? l'on radote, je penſe.
A moy les proposer! helas ils font pitié.
    Voyez un peu la belle eſpece!
L'un n'avoit en l'esprit nulle delicateſſe;
L'autre avoit le nez fait de cette façon-là;
    C'eſtoit cecy, c'eſtoit cela,
    C'eſtoit tout; car les précieuſes
    Font deſſus tout les dédaigneuſes.
Apres les bons partis les mediocres gens
    Vinrent ſe mettre ſur les rangs.
Elle de ſe moquer. Ah vrayment je ſuis bonne
De leur ouvrir la porte : ils pensent que je ſuis
    Fort en peine de ma perſonne.
    Grace à Dieu je paſſe les nuits
    Sans chagrin, quoy qu'en ſolitude.
La belle ſe ſceut gré de tous ces ſentimens.
L'âge la fit déchoir; adieu tous les amans.

Un an fe paffe & deux avec inquietude.
Le chagrin vient en fuite : elle fent chaque jour
Déloger quelques Ris, quelques jeux, puis l'amour;
   Puis fes traits choquer & déplaire;
Puis cent fortes de fards. Ses foins ne pûrent faire
Qu'elle échapât au temps cet infigne larron :
   Les ruines d'une maifon
Se peuvent reparer; que n'eft cet avantage
   Pour les ruines du vifage!
Sa preciofité changea lors de langage.
Son miroir luy difoit, prenez vifte un mari :
Je ne fçais quel defir le luy difoit auffi;
Le defir peut loger chez une precieufe :
Celle-cy fit un choix qu'on n'auroit jamais crû,
Se trouvant à la fin tout aife & tout heureufe
   De rencontrer un malotru.

V

LES SOUHAITS

Il eſt au Mogol des folets
  Qui font office de valets,
Tiennent la maiſon propre, ont foin de l'équipage,
  Et quelquefois du jardinage.
  Si vous touchez à leur ouvrage,
Vous gaſtez tout. Un d'eux prés du Gange autrefois
Cultivoit le jardin d'un aſſez bon Bourgeois.
Il travailloit ſans bruit, avoit beaucoup d'adreſſe,
  Aimoit le maiſtre et la maiſtreſſe,
Et le jardin ſur tout. Dieu ſçait ſi les zephirs
Peuple ami du Demon l'aſſiſtoient dans ſa tâche :

Le folet de fa part travaillant fans relâche
      Combloit fes hoftes de plaifirs.
      Pour plus de marques de fon zele
Chez ces gens pour toûjours il fe fuft arrefté,
      Nonobftant la legereté
      A fes pareils fi naturelle;
      Mais fes confreres les efprits
Firent tant que le chef de cette republique,
      Par caprice ou par politique,
      Le changea bien-toft de logis.
Ordre luy vient d'aller au fond de la Norvege
      Prendre le foin d'une maifon
      En tout temps couverte de neige;
Et d'Indou qu'il eftoit on vous le fait Lapon.
Avant que de partir l'efprit dit à fes hoftes :
      On m'oblige de vous quitter :
      Je ne fçais pas pour quelles fautes;
Mais enfin il le faut, je ne puis arrefter
Qu'un temps fort court, un mois, peut-eftre une femaine.
Employez-la; formez trois fouhaits, car je puis
      Rendre trois fouhaits accomplis;
Trois fans plus. Souhaiter ce n'eft pas une peine
      Etrange & nouvelle aux humains.
Ceux-cy pour premier vœu demandent l'abondance;
      Et l'abondance à pleines mains
      Verfe en leurs cofres la finance,
En leurs greniers le bled, dans leurs caves les vins;
Tout en creve. Comment ranger cette chevance?
Quels regiftres, quels foins, quel temps il leur falut!

Tous deux font empefchez fi jamais on le fut.
        Les voleurs contre eux comploterent;
        Les grands Seigneurs leur emprunterent;
Le prince les taxa. Voila les pauvres gens
        Malheureux par trop de fortune.
Oftez-nous de ces biens l'affluence importune,
Dirent-ils l'un & l'autre; heureux les indigens!
La pauvreté vaut mieux qu'une telle richeffe.
Retirez-vous, trefors, fuyez; & toy, Deeffe,
Mere du bon efprit, compagne du repos,
O mediocrité, revien vifte. A ces mots
La mediocrité revient; on luy fait place;
        Avec elle ils rentrent en grace,
Au bout de deux fouhaits eftant auffi chançeux
        Qu'ils eftoient, & que font tous ceux
Qui fouhaitent toûjours, & perdent en chimeres
Le temps qu'ils feroient mieux de mettre à leurs affaires.
        Le folet en rit avec eux.
        Pour profiter de fa largeffe,
Quand il voulut partir, & qu'il fut fur le poinct,
        Ils demanderent la fageffe;
C'eft un trefor qui n'embaraffe point.

VI

LA COUR DU LION

Sa Majefté Lionne un jour voulut connoiftre,
De quelles nations le Ciel l'avoit fait maiftre.
    Il manda donc par deputez
    Ses vaffaux de toute nature,
    Envoyant de tous les coftez
    Une circulaire écriture,
    Avec fon fceau. L'écrit portoit
    Qu'un mois durant le Roy tiendroit
    Cour pleniere, dont l'ouverture
    Devoit eftre un fort grand feftin,
    Suivy des tours de Fagotin.
    Par ce trait de magnificence

Le prince à fes fujets étaloit fa puiffance.
    En fon Louvre il les invita.
Quel Louvre! un vray charnier, dont l'odeur fe porta
D'abord au nez des gens. L'Ours boucha fa narine :
Il fe fuft bien paffé de faire cette mine.
Sa grimace dépleut. Le monarque irrité
L'envoya chez Pluton faire le dégoûté.
Le Singe approuva fort cette feverité;
Et flateur exceffif il loüa la colere,
Et la griffe du Prince, & l'antre, & cette odeur :
    Il n'eftoit ambre, il n'eftoit fleur,
Qui ne fût ail au prix. Sa fotte flaterie
Eut un mauvais fuccés, & fut encor punie.
    Ce Monfeigneur du Lion là,
    Fut parent de Caligula.
Le Renard eftant proche : Or ça, luy dit le Sire,
Que fens-tu? dis-le moy : Parle fans déguifer.
    L'autre auffi-toft de s'excufer,
Alleguant un grand rume : il ne pouvoit que dire
    Sans odorat; bref il s'en tire.
    Cecy vous fert d'enfeignement.
Ne foyez à la Cour, fi vous voulez y plaire,
Ny fade adulateur, ny parleur trop fincere;
Et tâchez quelquefois de répondre en Normant.

VII

LES VAUTOURS ET LES PIGEONS

Mars autrefois mit tout l'air en émûte.
Certain fujet fit naiftre la difpute
Chez les oifeaux; non ceux que le Printemps
Meine à fa Cour, & qui fous la feüillée
Par leur exemple & leurs fons éclatans
Font que Venus eft en nous réveillée;
Ny ceux encor que la Mere d'Amour
Met à fon char : mais le peuple Vautour
Au bec retors, à la tranchante ferre,

A. Delierre sc.  Imp. A. Quantin

Pour un chien mort fe fit, dit-on, la guerre.
Il plut du fang; je n'exagere point.
Si je voulois conter de poinct en poinct
Tout le détail, je manquerois d'haleine.
Maint chef perit, maint heros expira;
Et fur fon roc Prométhée efpera
De voir bien-toft une fin à fa peine.
C'eftoit plaifir d'obferver leurs efforts;
C'eftoit pitié de voir tomber les morts.
Valeur, adreffe, & rufes, & furprifes,
Tout s'employa : Les deux troupes éprifes
D'ardent courroux n'épargnoient nuls moyens
De peupler l'air que refpirent les ombres :
Tout element remplit de citoyens
Le vafte enclos qu'ont les royaumes fombres.
Cette fureur mit la compaffion
Dans les efprits d'une autre nation
Au col changeant, au cœur tendre & fidéle.
Elle employa fa mediation
Pour accorder une telle querelle.
Ambaffadeurs par le peuple Pigeon
Furent choifis, & fi bien travaillerent,
Que les Vautours plus ne fe chamaillerent.
Ils firent treve, & la paix s'enfuivit :
Helas! ce fut aux dépens de la race
A qui la leur auroit deu rendre grace.
La gent maudite auffi-toft pourfuivit
Tous les pigeons, en fit ample carnage,
En dépeupla les bourgades, les champs.

Peu de prudence eurent les pauvres gens,
D'accommoder un peuple ſi ſauvage.
Tenez toûjours diviſez les méchans;
La ſeureté du reſte de la terre
Dépend de là : Semez entre eux la guerre,
Ou vous n'aurez avec eux nulle paix.
Cecy ſoit dit en paſſant; Je me tais.

VIII

LE COCHE ET LA MOÛCHE

Dans un chemin montant, fablonneux, mal-aifé,
Et de tous les côtez au Soleil expofé,
   Six forts chevaux tiroient un Coche.
Femmes, Moine, Vieillards, tout eftoit defcendu.
L'attelage fuoit, foufloit, eftoit rendu.
Une Mouche furvient, & des chevaux s'approche;
Prétend les animer par fon bourdonnement;
Pique l'un, pique l'autre, & penfe à tout moment
   Qu'elle fait aller la machine,
S'affied fur le timon, fur le nez du Cocher;
   Auffi-toft que le char chemine,
   Et qu'elle voit les gens marcher,

Elle s'en attribuë uniquement la gloire;
Va, vient, fait l'empreſſée; il ſemble que ce ſoit
Un Sergent de bataille allant en chaque endroit
Faire avancer ſes gens, & hâter la victoire.
　　　La Mouche en ce commun beſoin
Se plaint qu'elle agit ſeule, & qu'elle a tout le ſoin;
Qu'aucun n'aide aux chevaux à ſe tirer d'affaire.
　　　Le Moine diſoit ſon Breviaire;
Il prenoit bien ſon temps! une femme chantoit;
C'eſtoit bien de chanſons qu'alors il s'agiſſoit!
Dame Mouche s'en va chanter à leurs oreilles,
　　　Et fait cent ſotiſes pareilles.
Aprés bien du travail le Coche arrive au haut.
Reſpirons maintenant, dit la Mouche auſſi-toſt :
J'ay tant fait que nos gens ſont enfin dans la plaine.
Çà, Meſſieurs les Chevaux, payez-moy de ma peine.

Ainſi certaines gens faiſant les empreſſez
　　　S'introduiſent dans les affaires.
　　　Ils font par tout les neceſſaires;
Et par tout importuns devroient eſtre chaſſez.

IX

LA LAITIERE ET LE POT AU LAIT

Perrette ſur ſa teſte ayant un Pot au lait
   Bien poſé ſur un couſſinet,
Pretendoit arriver ſans encombre à la ville.
Legere & court veſtuë elle alloit à grands pas;
Ayant mis ce jour-là pour eſtre plus agile
   Cotillon ſimple, & ſouliers plats.
   Noſtre Laitiere ainſi trouſſée
   Comptoit déja dans ſa penſée
Tout le prix de ſon lait, en employoit l'argent,

Achetoit un cent d'œufs, faifoit triple couvée;
La chofe alloit à bien par fon foin diligent.
  Il m'eft, difoit-elle, facile,
D'élever des poulets autour de ma maifon :
  Le Renard fera bien habile,
S'il ne m'en laiffe affez pour avoir un cochon.
Le porc à s'engraiffer coûtera peu de fon;
Il eftoit quand je l'eus de groffeur raifonnable :
J'auray le revendant de l'argent bel & bon;
Et qui m'empêchera de mettre en noftre eftable,
Veu le prix dont il eft, une vache et fon veau,
Que je verray fauter au milieu du troupeau?
Perrette là deffus faute auffi, tranfportée.
Le lait tombe; adieu veau, vache, cochon, couvée;
La Dame de ces biens, quittant d'un œil marry
  Sa fortune ainfi répanduë,
  Va s'excufer à fon mary
  En grand danger d'eftre batuë.
  Le recit en farce en fut fait;
  On l'appella le Pot au lait.

  Quel efprit ne bat la campagne?
  Qui ne fait chafteaux en Efpagne?
Pichrocole, Pyrrhus, la Laitiere, enfin tous,
  Autant les fages que les fous?
Chacun fonge en veillant, il n'eft rien de plus doux :
Une flateufe erreur emporte alors nos ames :
  Tout le bien du monde eft à nous,
  Tous les honneurs, toutes les femmes.

Quand je fuis feul, je fais au plus brave un défy ;
Je m'écarte, je vais détrofner le Sophy ;
  On m'élit Roy, mon peuple m'aime ;
Les diadêmes vont fur ma tefte pleuvant :
Quelque accident fait-il que je rentre en moy-mefme ;
  Je fuis gros Jean comme devant.

X

LE CURÉ ET LE MORT

Un mort s'en alloit triftement
S'emparer de fon dernier gifte;
Un Curé s'en alloit gayment
Enterrer ce mort au plus vifte.
Noftre défunt eftoit en caroffe porté,
Bien & deûment empaqueté,

Et veſtu d'une robe, helas! qu'on nomme biere,
    Robe d'hyver, robe d'eſté,
    Que les morts ne dépoüillent guere.
    Le Paſteur eſtoit à coſté,
    Et recitoit à l'ordinaire
    Maintes devotes oraiſons,
    Et des pſeaumes, & des leçons,
    Et des verſets, & des répons :
    Monſieur le Mort laiſſez-nous faire,
On vous en donnera de toutes les façons;
    Il ne s'agit que du ſalaire.
Meſſire Jean Choüart couvoit des yeux ſon mort,
Comme ſi l'on eût deu luy ravir ce treſor,
    Et des regards ſembloit luy dire :
    Monſieur le mort j'auray de vous,
    Tant en argent, & tant en cire,
    Et tant en autres menus couſts.
Il fondoit là deſſus l'achat d'une feüillette
    Du meilleur vin des environs;
    Certaine niepce aſſez propette,
    Et ſa chambriere Pâquette
    Devoient avoir des cottillons.
    Sur cette agreable penſée
    Un heurt ſurvient, adieu le char.
    Voila Meſſire Jean Choüart
Qui du choc de ſon mort a la teſte caſſée :
Le paroiſſien en plomb entraîne ſon Paſteur;
    Noſtre Curé ſuit ſon Seigneur;
    Tous deux s'en vont de compagnie.

Proprement toute noſtre vie
Eſt le Curé Choüart qui ſur ſon mort comptoit,
Et la fable du Pot au lait.

XI

L'HOMME QUI COURT APRES LA FORTUNE, ET L'HOMME QUI L'ATTEND DANS SON LIT

Qui ne court apres la Fortune?
Je voudrois eftre en lieu d'où je pûffe aifément
      Contempler la foule importune
      De ceux qui cherchent vainement
Cette fille du fort de Royaume en Royaume,
Fideles courtifans d'un volage fantôme.
      Quand ils font prés du bon moment,
L'inconftante auffi-toft à leurs defirs échape :
Pauvres gens, je les plains, car on a pour les fous
      Plus de pitié que de courroux.

Cet homme, difent-ils, eftoit planteur de choux,
  Et le voila devenu Pape :
Ne le valons-nous pas? Vous valez cent fois mieux;
  Mais que vous fert voftre merite?
  La Fortune a-t-elle des yeux?
Et puis la papauté vaut-elle ce qu'on quite,
Le repos, le repos, trefor fi précieux,
Qu'on en faifoit jadis le partage des Dieux?
Rarement la Fortune à fes hoftes le laiffe.
  Ne cherchez point cette Déeffe,
Elle vous cherchera; fon fexe en ufe ainfi.
Certain couple d'amis en un bourg étably,
Poffedoit quelque bien : l'un foûpiroit fans ceffe
 Pour la Fortune; il dit à l'autre un jour :
  Si nous quittions noftre fejour?
  Vous fçavez que nul n'eft prophete
En fon païs : Cherchons noftre avanture ailleurs.
Cherchez, dit l'autre amy, pour moy je ne fouhaite
  Ny climats ny deftins meilleurs.
Contentez-vous; fuivez voftre humeur inquiete;
Vous reviendrez bien-toft. Je fais vœu cependant
  De dormir en vous attendant.
  L'ambitieux, ou fi l'on veut, l'avare,
  S'en va par voye & par chemin.
  Il arriva le lendemain
En un lieu que devoit la Déeffe bizarre
Frequenter fur tout autre; & ce lieu c'eft la cour.
Là donc pour quelque-temps il fixe fon fejour,
Se trouvant au coucher, au lever, à ces heures

   Que l'on sçait estre les meilleures;
Bref se trouvant à tout, & n'arrivant à rien.
Qu'est cecy? ce dit-il; Cherchons ailleurs du bien.
La Fortune pourtant habite ces demeures.
Je la vois tous les jours entrer chez celuy-cy,
   Chez celuy-là; D'où vient qu'aussi
Je ne puis heberger cette capricieuse?
On me l'avoit bien dit, que des gens de ce lieu
L'on n'aime pas toûjours l'humeur ambitieuse.
Adieu Messieurs de cour; Messieurs de cour adieu.
Suivez jusques au bout une ombre qui vous flate.
La Fortune a, dit-on, des temples à Surate;
Allons-là. Ce fut un de dire & s'embarquer.
Ames de bronze, humains, celuy-là fut sans doute
Armé de diamant, qui tenta cette route,
Et le premier osa l'abysme défier.
   Celuy-cy pendant son voyage
   Tourna les yeux vers son village
  Plus d'une fois, essuyant les dangers
Des Pyrates, des vents, du calme & des rochers,
Ministres de la mort. Avec beaucoup de peines,
On s'en va la chercher en des rives lointaines,
La trouvant assez tost sans quitter la maison.
L'homme arrive au Mogol; on luy dit qu'au Japon
La Fortune pour lors distribuoit ses graces.
   Il y court; les mers estoient lasses
   De le porter; & tout le fruit
   Qu'il tira de ses longs voyages,
Ce fut cette leçon que donnent les sauvages :

Demeure en ton païs par la nature inftruit.
Le Japon ne fut pas plus heureux à cet homme
   Que le Mogol l'avoit efté ;
  Ce qui luy fit conclurre en fomme,
Qu'il avoit à grand tort fon village quité.
   Il renonce aux courfes ingrates,
Revient en fon païs, void de loin fes pénates,
Pleure de joye, & dit : Heureux qui vit chez foy ;
De regler fes defirs faifant tout fon employ.
   Il ne fçait que par ouïr dire
Ce que c'eft que la cour, la mer, & ton empire,
Fortune, qui nous fais paffer devant les yeux
Des dignitez, des biens, que jufqu'au bout du monde
On fuit fans que l'effet aux promeffes réponde.
Deformais je ne bouge, & feray cent fois mieux.
   En raifonnant de cette forte,
Et contre la Fortune ayant pris ce confeil,
   Il la trouve affife à la porte
De fon amy plongé dans un profond fommeil.

A. Dolierre sc.   Imp. A. Quantin

XII

LES DEUX COQS

Deux Coqs vivoient en paix; une Poule furvint,
  Et voila la guerre allumée.
Amour, tu perdis Troye; & c'eſt de toy que vint
  Cette querelle envenimée,
Où du sang des Dieux mefme on vid le Xante teint.
Long-temps entre nos Coqs le combat fe maintint.
Le bruit s'en répandit par tout le voifinage.
La gent qui porte crefte au fpectacle accourut.
  Plus d'une Heleine au beau plumage
Fut le prix du vainqueur; le vaincu difparut.
Il alla fe cacher au fond de fa retraite,

Pleura fa gloire & fes amours,
Ses amours qu'un rival tout fier de fa défaite
Poffedoit à fes yeux. Il voyoit tous les jours
Cet objet rallumer fa haine & fon courage.
Il aiguifoit fon bec, batoit l'air & fes flancs,
    Et s'exerçant contre les vents
    S'armoit d'une jaloufe rage.
Il n'en eut pas befoin. Son vainqueur fur les toits
    S'alla percher, & chanter fa victoire.
    Un Vautour entendit fa voix :
    Adieu les amours & la gloire.
Tout cet orgueil perit fous l'ongle du Vautour.
    Enfin par un fatal retour
    Son rival autour de la Poule
    S'en revint faire le coquet :
    Je laiffe à penfer quel caquet,
    Car il eut des femmes en foule.
La Fortune fe plaift à faire de ces coups;
Tout vainqueur infolent à fa perte travaille.
Défions-nous du fort, & prenons garde à nous
    Apres le gain d'une bataille.

XIII

L'INGRATITUDE ET L'INJUSTICE DES HOMMES
ENVERS LA FORTUNE

Vn trafiquant fur mer par bon-heur s'enrichit.
Il triompha des vents pendant plus d'un voyage,
Goufre, banc, ny rocher, n'exigea de peage
D'aucun de fes balots; le fort l'en affranchit.
Sur tous fes compagnons Atropos & Neptune
Recüeillirent leur droit, tandis que la Fortune
Prenoit foin d'amener fon marchand à bon port.
Facteurs, affociez, chacun luy fut fidele.
Il vendit fon tabac, fon fucre, fa canele

Ce qu'il voulut, fa porcelaine encor.
Le luxe & la folie enflerent fon trefor;
  Bref il plût dans fon efcarcelle.
On ne parloit chez luy que par doubles ducats.
Et mon homme d'avoir chiens, chevaux, & caroffes.
  Ses jours de jeûne eftoient des nopces.
Un fien amy voyant ces fomptueux repas,
Luy dit : Et d'où vient donc un fi bon ordinaire?
Et d'où me viendroit-il que de mon fçavoir faire?
Je n'en dois rien qu'à moy, qu'à mes foins, qu'au talent
De rifquer à propos, & bien placer l'argent.
Le profit luy femblant une fort douce chofe,
Il risqua de nouveau le gain qu'il avoit fait :
Mais rien pour cette fois ne luy vint à fouhait.
  Son imprudence en fut la caufe.
Un vaiffeau mal freté perit au premier vent.
Un autre mal pourveu des armes neceffaires
  Fut enlevé par les Corfaires.
  Un troifiéme au port arrivant,
Rien n'eut cours ny debit. Le luxe & la folie
  N'eftoient plus tels qu'auparavant.
  Enfin fes facteurs le trompant,
Et luy-mefme ayant fait grand fracas, chere lie,
Mis beaucoup en plaifirs, en baftimens beaucoup,
  Il devint pauvre tout d'un coup.
Son amy le voyant en mauvais équipage,
Luy dit : d'où vient cela? de la fortune helas!
Confolez-vous, dit l'autre, & s'il ne lui plaift pas
Que vous foyez heureux; tout au moins foyez fage.

Je ne fçais s'il crut ce confeil ;
Mais je fçais que chacun impute en cas pareil
    Son bon-heur à fon induftrie,
Et fi de quelque échec noftre faute eft fuivie,
    Nous difons injures au fort.
    Chofe n'eft icy plus commune :
Le bien nous le faifons, le mal c'eft la fortune,
On a toûjours raifon, le deftin toûjours tort.

XIV

LES DEVINERESSES

C'est fouvent du hazard que naît l'opinion;
Et c'eft l'opinion qui fait toûjours la vogue.
   Je pourrois fonder ce prologue
Sur gens de tous eftats; tout eft prévention,
Cabale, enteftement, point ou peu de juftice :
C'eft un torrent; qu'y faire? Il faut qu'il ait fon cours,
   Cela fut & fera toûjours.
Une femme à Paris faifoit la Pythoniffe.
On l'alloit confulter fur chaque évenement :

Perdoit-on un chifon, avoit-on un amant,
Un mary vivant trop au gré de fon époufe,
Une mere fâcheufe, une femme jaloufe;
    Chez la Devineufe on couroit,
Pour fe faire annoncer ce que l'on defiroit.
    Son fait confiftoit en adreffe.
Quelques termes de l'art, beaucoup de hardieffe,
Du hazard quelquefois, tout cela concouroit :
Tout cela bien fouvent faifoit crier miracle.
Enfin quoy qu'ignorante à vingt & trois carats,
    Elle paffoit pour un oracle.
L'oracle eftoit logé dedans un galetas.
    Là cette femme emplit fa bourfe,
    Et fans avoir d'autre reffource,
Gagne dequoy donner un rang à fon mari :
Elle achete un office, une maifon auffi.
    Voila le galetas remply
D'une nouvelle hofteffe, à qui toute la ville,
Femmes, filles, valets, gros Meffieurs, tout enfin,
Alloit comme autrefois demander fon deftin :
Le galetas devint l'antre de la Sibille.
L'autre femelle avoit achalandé ce lieu.
Cette derniere femme eut beau faire, eut beau dire,
Moy Devine! on fe moque; Eh Meffieurs, fçay-je lire?
Je n'ay jamais appris que ma croix de pardieu.
Point de raifon; falut deviner & prédire,
    Mettre à part force bons ducats,
Et gagner mal-gré foy plus que deux Avocats.
Le meuble, & l'équipage aidoient fort à la chofe :

Quatre fieges boiteux, un manche de balay,
Tout fentoit fon fabat, & fa metamorphofe :
   Quand cette femme auroit dit vray
   Dans une chambre tapiffée,
On s'en feroit moqué; la vogue eftoit paffée
  Au galetas; il avoit le credit :
    L'autre femme fe morfondit.
    L'enfeigne fait la chalandife.
J'ay veu dans le Palais une robe mal-mife
   Gagner gros : les gens l'avoient prife
  Pour maiftre tel, qui traifnoit apres foy
  Force écoutans; Demandez-moy pourquoy.

XV

LE CHAT, LA BELETTE, ET LE PETIT LAPIN

Du palais d'un jeune Lapin
Dame Belette un beau matin
S'empara; c'eſt une ruſée.
Le Maiſtre eſtant abſent, ce luy fut choſe aiſée.
Elle porta chez luy ſes pénates un jour
Qu'il eſtoit allé faire à l'Aurore ſa cour,
Parmy le thim & la roſée.
Apres qu'il eut brouté, troté, fait tous ſes tours,
Janot Lapin retourne aux ſoûterrains ſejours.
La Belette avoit mis le nez à la feneſtre.
O Dieux hoſpitaliers, que vois-je icy paroiſtre?

Dit l'animal chaffé du paternel logis :
  O là, Madame la Belette,
  Que l'on déloge fans trompette,
Ou je vais avertir tous les Rats du païs.
La Dame au nez pointu répondit que la terre
  Eftoit au premier occupant.
  C'eftoit un beau fujet de guerre
Qu'un logis où luy-mefme il n'entroit qu'en rampant.
  Et quand ce feroit un Royaume,
Je voudrois bien fçavoir, dit-elle, quelle loy
  En a pour toûjours fait l'octroy
A Iean fils ou nepueu de Pierre ou de Guillaume,
  Pluftoft qu'à Paul, pluftoft qu'à moy.
Iean Lapin allegua la couftume & l'usage.
Ce font, dit-il, leurs lois qui m'ont de ce logis
Rendu maiftre & feigneur, & qui de pere en fils,
L'ont de Pierre à Simon, puis à moy Iean tranfmis.
Le premier occupant eft-ce une loy plus fage?
  Or bien fans crier davantage,
  Rapportons-nous, dit-elle à Raminagrobis.
C'eftoit vn chat vivant comme vn dévot hermite,
  Vn chat faifant la chatemite,
Vn faint homme de chat, bien fourré, gros & gras,
  Arbitre expert fur tous les cas.
  Iean Lapin pour juge l'agrée.
  Les voila tous deux arrivez
  Devant fa majefté fourrée.
Grippeminaud leur dit, mes enfans approchez,
Approchez; je fuis fourd; les ans en font la caufe.

L'vn & l'autre approcha ne craignant nulle chofe.
Auffi-toft qu'à portée il vid les conteftans,
   Grippeminaud le bon apoftre
Jettant des deux coftez la griffe en mefme temps,
Mit les plaideurs d'accord en croquant l'vn & l'autre.
Ceci reffemble fort aux debats qu'ont par fois
Les petits fouverains fe rapportans aux Rois.

XVI

LA TESTE ET LA QUEUË DU SERPENT

Le Serpent a deux parties
Du genre humain ennemies,
Tefte & queuë; & toutes deux
Ont acquis un nom fameux
Aupres des Parques cruelles;
Si bien qu'autrefois entre elles
Il furvint de grands debats
  Pour le pas.
La tefte avoit toûjours marché devant la queuë.
  La queuë au Ciel fe plaignit,
    Et luy dit :
  Je fais mainte & mainte lieuë,
  Comme il plaift à celle-cy.
Croit-elle que toûjours j'en veüille ufer ainfi?

Je fuis fon humble fervante.
On m'a faite Dieu mercy
Sa fœur & non fa fuivante.
Toutes deux de mefme fang
Traitez-nous de mefme forte :
Auffi bien qu'elle je porte
Un poifon prompt & puiffant.
Enfin voila ma requefte :
C'eft à vous de commander,
Qu'on me laiffe préceder
A mon tour ma fœur la tefte.
Je la conduiray fi bien,
Qu'on ne fe plaindra de rien.
Le Ciel eut pour ces vœux une bonté cruelle.
Souvent fa complaifance a de méchans effets.
Il devroit eftre fourd aux aveugles fouhaits.
Il ne le fut pas lors : & la guide nouvelle,
Qui ne voyoit au grand jour,
Pas plus clair que dans un four,
Donnoit tantoft contre un marbre,
Contre un paffant, contre un arbre.
Droit aux ondes du Styx elle mena fa fœur.
Malheureux les Eftats tombez dans fon erreur.

XVII

VN ANIMAL DANS LA LUNE

Pendant qu'un Philofophe affure,
Que toûjours par leurs fens les hommes font dupez,
    Un autre Philofophe jure,
    Qu'ils ne nous ont jamais trompez.
Tous les deux ont raifon; & la Philofophie
Dit vray, quand elle dit, que les fens tromperont
Tant que fur leur rapport les hommes jugeront;
    Mais auffi fi l'on rectifie
L'image de l'objet fur fon éloignement,
    Sur le milieu qui l'environne,

Sur l'organe, & fur l'inftrument,
Les fens ne tromperont perfonne.
La nature ordonna ces chofes fagement :
J'en diray quelque jour les raifons amplement.
J'apperçois le Soleil ; quelle en eft la figure ?
Icy bas ce grand corps n'a que trois pieds de tour :
Mais fi je le voyois là haut dans fon fejour,
Que feroit-ce à mes yeux que l'œil de la nature ?
Sa diftance me fait juger de fa grandeur ;
Sur l'angle & les coftez ma main la détermine :
L'ignorant le croit plat, j'épaiffis fa rondeur :
Je le rends immobile, & la terre chemine.
Bref je déments mes yeux en toute fa machine.
Ce fens ne me nuit point par fon illufion.
Mon ame en toute occafion
Développe le vray caché fous l'apparence.
Je ne fuis point d'intelligence
Avecque mes regards peut-eftre un peu trop prompts,
Ny mon oreille lente à m'apporter les fons
Quand l'eau courbe un bafton ma raifon le redreffe,
La raifon décide en maiftreffe.
Mes yeux, moyennant ce fecours,
Ne me trompent jamais en me mentant toûjours.
Si je crois leur rapport, erreur affez commune,
Une tefte de femme eft au corps de la Lune.
Y peut-elle eftre ? Non. D'où vient donc cet objet ?
Quelques lieux inégaux font de loin cet effet.
La Lune nulle part n'a fa furface unie :
Montueufe en des lieux, en d'autres applanie,

L'ombre avec la lumiere y peut tracer fouvent
    Un Homme, un Bœuf, un Elephant.
N'aguere l'Angleterre y vid chofe pareille.
La lunette placée, un animal nouveau
    Parut dans cet aftre fi beau;
    Et chacun de crier merveille.
Il eftoit arrivé là haut un changement,
Qui préfageoit fans doute un grand évenement.
Sçavoit-on fi la guerre entre tant de puiffances
N'en eftoit point l'effet? Le Monarque accourut :
Il favorife en Roy ces hautes connoiffances.
Le Monftre dans la Lune à fon tour luy parut.
C'eftoit une Souris cachée entre les verres :
Dans la lunette eftoit la fource de ces guerres.
On en rit: Peuple heureux, quand pourront les François
Se donner comme vous entiers à ces emplois?
Mars nous fait recüeillir d'amples moiffons de gloire :
C'eft à nos ennemis de craindre les combats,
A nous de les chercher, certains que la victoire
Amante de Loüis fuivra par tout fes pas.
Ses lauriers nous rendront celebres dans l'hiftoire.
    Mefme les filles de memoire
Ne nous ont point quitez : nous goûtons des plaifirs :
La paix fait nos fouhaits, & non point nos foûpirs.
Charles en fçait joüir : Il fçauroit dans la guerre
Signaler fa valeur, & mener l'Angleterre
A ces jeux qu'en repos elle void aujourd'huy.
Cependant s'il pouvoit appaifer la querelle,
Que d'encens! Eft-il rien de plus digne de luy?

La carriere d'Augufte a-t-elle efté moins belle
Que les fameux exploits du premier des Cefars?
O peuple trop heureux, quand la paix viendra-t-elle
Nous rendre comme vous tout entiers aux beaux arts?

LIVRE HUITIÈME

I

LA MORT ET LE MOURANT

La mort ne furprend point le fage :
Il eft toûjours preft à partir,
S'eftant fceu luy-mefme avertir
Du temps où l'on fe doit refoudre à ce paffage.
Ce temps, helas! embraffe tous les temps :
Qu'on le partage en jours, en heures, en momens,
Il n'en eft point qu'il ne comprenne
Dans le fatal tribut; tous font de fon domaine;
Et le premier inftant où les enfans des Rois
Ouvrent les yeux à la lumiere,

Eſt celuy qui vient quelquefois
Fermer pour toûjours leur paupiere.
Défendez-vous par la grandeur,
Alleguez la beauté, la vertu, la jeuneſſe,
La mort ravit tout ſans pudeur.
Un jour le monde entier accroiſtra ſa richeſſe.
Il n'eſt rien de moins ignoré,
Et puis qu'il faut que je le die,
Rien où l'on ſoit moins preparé.
Un mourant qui contoit plus de cent ans de vie,
Se plaignoit à la mort que précipitamment
Elle le contraignoit de partir tout à l'heure,
Sans qu'il eût fait ſon teſtament,
Sans l'avertir au moins. Eſt-il juſte qu'on meure
Au pied levé? dit-il : attendez quelque peu.
Ma femme ne veut pas que je parte ſans elle;
Il me reſte à pourvoir un arriere neveu;
Souffrez qu'à mon logis j'ajouſte encore une aiſle.
Que vous eſtes preſſante, ô Deeſſe crüelle!
Vieillard, luy dit la mort, je ne t'ay point ſurpris.
Tu te plains ſans raiſon de mon impatience.
Eh n'as-tu pas cent ans? trouve-moy dans Paris
Deux mortels auſſi vieux, trouve-m'en dix en France.
Je devois, ce dis-tu, te donner quelque avis
Qui te diſpoſaſt à la choſe :
J'aurois trouvé ton teſtament tout fait,
Ton petit fils pourveu, ton baſtiment parfait;
Ne te donna-t-on pas des avis quand la cauſe
Du marcher & du mouvement,

Quand les esprits, le sentiment,
Quand tout faillit en toy? Plus de goust, plus d'oüie :
Toute chose pour toy semble estre évanoüie :
Pour toy l'astre du jour prend des soins superflus :
Tu regretes des biens qui ne te touchent plus.
　　　Je t'ay fait voir tes camarades,
　　　Ou morts, ou mourans, ou malades.
Qu'est-ce que tout cela, qu'un avertissement?
　　　Allons vieillard, & sans replique;
　　　Il n'importe à la republique
　　　Que tu fasses ton testament.
La mort avoit raison : Je voudrois qu'à cet âge
On sortist de la vie ainsi que d'un banquet,
Remerciant son hoste, & qu'on fist son paquet;
Car de combien peut-on retarder le voyage?
Tu murmures vieillard; voy ces jeunes mourir,
　　　Voy les marcher, voy les courir
A des morts, il est vray, glorieuses & belles,
Mais sures cependant, & quelquefois cruelles.
J'ay beau te le crier; mon zele est indiscret :
Le plus semblable aux morts meurt le plus à regret.

II

LE SAVETIER ET LE FINANCIER

Un Savetier chantoit du matin jufqu'au foir :
C'eftoit merveilles de le voir,
Merveilles de l'oüir : il faifoit des paffages,
Plus content qu'aucun des fept fages.
Son voifin au contraire, eftant tout coufu d'or,
Chantoit peu, dormoit moins encor.
C'eftoit un homme de finance.
Si fur le poinct du jour parfois il fommeilloit,
Le Savetier alors en chantant l'éveilloit,

Et le Financier fe plaignoit,
Que les foins de la Providence
N'euffent pas au marché fait vendre le dormir,
Comme le manger & le boire.
En fon hoftel il fait venir
Le chanteur, & luy dit : Or ça, fire Gregoire,
Que gagnez-vous par an? Par an? ma foy Monfieur,
Dit avec un ton de rieur
Le gaillard Savetier, ce n'eft point ma maniere
De compter de la forte; & je n'entaffe guere
Un jour fur l'autre : il fuffit qu'à la fin
J'attrape le bout de l'année :
Chaque jour amene fon pain.
Et bien que gagnez-vous, dites-moy, par journée?
Tantoft plus, tantoft moins : le mal eft que toûjours
(Et fans cela nos gains feroient affez honneftes),
Le mal eft que dans l'an s'entremeflent des jours
Qu'il faut chommer; on nous ruine en Feftes.
L'une fait tort à l'autre; & Monfieur le Curé
De quelque nouveau Saint charge toûjours fon prône.
Le Financier riant de fa naïveté,
Luy dit : Je vous veux mettre aujourd'huy fur le trône.
Prenez ces cent écus : gardez les avec foin,
Pour vous en fervir au befoin.
Le Savetier crut voir tout l'argent que la terre
Avoit depuis plus de cent ans
Produit pour l'ufage des gens.
Il retourne chez luy : dans fa cave il enferre
L'argent & fa joye à la fois.

Plus de chant; il perdit la voix
Du moment qu'il gagna ce qui cauſe nos peines.
Le ſommeil quitta ſon logis,
Il eut pour hoſtes les ſoucis,
Les ſoupçons, les alarmes vaines.
Tout le jour il avoit l'œil au guet; Et la nuit,
Si quelque chat faiſoit du bruit,
Le chat prenoit l'argent : A la fin le pauvre homme
S'en courut chez celuy qu'il ne réveilloit plus.
Rendez-moy, luy dit-il, mes chanſons & mon ſomme,
Et reprenez vos cent écus.

III

LE LION, LE LOUP ET LE RENARD

Vn Lion décrepit, gouteux, n'en pouvant plus,
Vouloit que l'on trouvât remede à la vieilleſſe :
Alleguer l'impoſſible aux Rois, c'eſt un abus.
  Celuy-cy parmy chaque eſpece
Manda des Medecins; il en eſt de tous arts :
Medecins au Lion viennent de toutes parts;
De tous coſtez luy vient des donneurs de receptes.
  Dans les viſites qui ſont faites

Le Renard fe difpenfe, & fe tient clos & coy.
Le Loup en fait fa cour, daube au coucher du Roy
Son camarade abfent; le Prince tout à l'heure
Veut qu'on aille enfumer Renard dans fa demeure,
Qu'on le faffe venir. Il vient, eft prefenté;
Et fçachant que le Loup luy faifoit cette affaire :
Je crains, Sire, dit-il, qu'un rapport peu fincere
    Ne m'ait à mépris imputé
    D'avoir differé cet hommage;
    Mais j'eftois en pelerinage;
Et m'acquitois d'un vœu fait pour voftre fanté.
    Mefme j'ay veu dans mon voyage
Gens experts & fçavans; leur ay dit la langueur
Dont voftre Majefté craint à bon droit la fuite :
    Vous ne manquez que de chaleur :
    Le long âge en vous l'a détruite :
D'un Loup écorché vif appliquez-vous la peau
    Toute chaude & toute fumante;
    Le fecret fans doute en eft beau
    Pour la nature défaillante.
    Meffire Loup vous fervira,
    S'il vous plaift, de robe de chambre.
    Le Roy goûte cet avis-là :
    On écorche, on taille, on démembre
Meffire Loup. Le Monarque en foupa,
    Et de fa peau s'envelopa.

Meffieurs les courtifans, ceffez de vous détruire :
Faites fi vous pouvez voftre cour fans vous nuire.
Le mal fe rend chez vous au quadruple du bien.
Les daubeurs ont leur tour, d'une ou d'autre maniere :
    Vous eftes dans une carriere
    Où l'on ne fe pardonne rien.

IV

LE POUVOIR DES FABLES

A MONSIEUR DE BARILLON

La qualité d'Ambaſſadeur
Peut-elle s'abaiſſer à des contes vulgaires?
Vous puis-je offrir mes vers & leurs graces legeres?
S'ils oſent quelquefois prendre un air de grandeur,
Seront-ils point traitez par vous de temeraires?
  Vous avez bien d'autres affaires
  A démêler que les debats
  Du Lapin & de la Belette :
  Liſez-les, ne les liſez pas:

Mais empefchez qu'on ne nous mette
Toute l'Europe fur les bras.
Que de mille endroits de la terre
Il nous vienne des ennemis,
J'y confens; mais que l'Angleterre
Veüille que nos deux Rois fe laffent d'être amis,
J'ay peine à digerer la chofe.
N'eft-il point encor temps que Loüis fe repofe?
Quel autre Hercule enfin ne fe trouveroit las
De combattre cette Hydre? & faut-il qu'elle oppofe
Une nouvelle tefte aux efforts de fon bras?
Si voftre efprit plein de foupleffe,
Par eloquence, & par adreffe,
Peut adoucir les cœurs, & détourner ce coup,
Je vous facrifieray cent moutons; c'eft beaucoup
Pour un habitant du Parnaffe.
Cependant faites-moy la grace
De prendre en don ce peu d'encens.
Prenez en gré mes vœux ardens,
Et le recit en vers, qu'icy je vous dedie.
Son fujet vous convient; je n'en diray pas plus :
Sur les Eloges que l'envie
Doit avoüer qui vous font deus,
Vous ne voulez pas qu'on appuye.

Dans Athene autrefois peuple vain & leger,
Un Orateur voyant fa patrie en danger,
Courut à la Tribune; & d'un art tyrannique,

Voulant forcer les cœurs dans une republique,
Il parla fortement fur le commun falut.
On ne l'écoutoit pas : l'Orateur recourut
   A ces figures violentes,
Qui fçavent exciter les ames les plus lentes.
Il fit parler les morts, tonna, dit ce qu'il put.
Le vent emporta tout; perfonne ne s'émut.
   L'animal aux teftes frivoles
Eftant fait à ces traits, ne daignoit l'écouter.
Tous regardoient ailleurs : il en vid s'arrefter
A des combats d'enfans, & point à fes paroles.
Que fit le harangueur? Il prit un autre tour.
Céres, commença-t-il, faifoit voyage un jour
   Avec l'Anguille & l'Hirondelle;
Un fleuve les arrefte; & l'Anguille en nageant,
   Comme l'Hirondelle en volant,
Le traverfa bien-toft. L'affemblée à l'inftant
Cria tout d'une voix : Et Céres, que fit-elle?
   Ce qu'elle fit? un prompt courroux
   L'anima d'abord contre vous.
Quoy, de contes d'enfans fon peuple s'embaraffe!
   Et du peril qui le menace
Luy feul entre les Grecs il neglige l'effet!
Que ne demandez-vous ce que Philippe fait?
   A ce reproche l'affemblée
   Par l'Apologue réveillée
   Se donne entiere à l'Orateur :
   Un trait de Fable en eut l'honneur.
Nous fommes tous d'Athene en ce poinct; & moy-mefme,

Au moment que je fais cette moralité,
  Si peau d'afne m'eftoit conté,
  J'y prendrois un plaifir extrême.
Le monde eft vieux, dit-on, je le crois, cependant
Il le faut amufer encor comme un enfant.

V

L'HOMME ET LA PUCE

Par des vœux importuns nous fatiguons les Dieux :
Souvent pour des sujets mesme indignes des hommes.
Il semble que le Ciel sur tous tant que nous sommes
Soit obligé d'avoir inceffamment les yeux,
Et que le plus petit de la race mortelle,
A chaque pas qu'il fait, à chaque bagatelle,
Doive intriguer l'Olympe & tous ses citoyens,
Comme s'il s'agissoit des Grecs & des Troyens.
Un sot par une puce eut l'épaule morduë.
Dans les plis de ses draps elle alla se loger.

Hercule, ce dit-il, tu devois bien purger
La terre de cette Hydre au Printemps revenuë.
Que fais-tu Jupiter, que du haut de la nuë
Tu n'en perdes la race afin de me venger?
Pour tuer une puce il vouloit obliger
Ces Dieux à luy prefter leur foudre & leur maffuë.

VI

LES FEMMES ET LE SECRET

Rien ne pefe tant qu'un fecret :
Le porter loin eft difficile aux Dames :
Et je fçais mefme fur ce fait
Bon nombre d'hommes qui font femmes.
Pour éprouver la fienne un mari s'écria
La nuit eftant prés d'elle : ô dieux ! qu'eft-ce cela ?
Je n'en puis plus ; on me déchire ;
Quoy j'accouche d'un œuf ! d'un œuf ? oüy, le voila
Frais & nouveau pondu : gardez bien de le dire :
On m'appelleroit poule. Enfin n'en parlez pas.
La femme neuve fur ce cas,
Ainfi que fur mainte autre affaire,
Crut la chofe, & promit fes grands dieux de fe taire.

Mais ce ferment s'évanoüit
Avec les ombres de la nuit.
L'épouſe indiſcrete & peu fine,
Sort du lit quand le jour fut à peine levé :
Et de courir chez ſa voiſine.
Ma commere, dit-elle, un cas eſt arrivé :
N'en dites rien ſur tout, car vous me feriez battre.
Mon mary vient de pondre un œuf gros comme quatre.
Au nom de Dieu gardez-vous bien
D'aller publier ce myſtere.
Vous moquez-vous ? dit l'autre : Ah, vous ne ſçavez guere
Quelle je ſuis. Allez, ne craignez rien.
La femme du pondeur s'en retourne chez elle.
L'autre grille déja de conter la nouvelle ;
Elle va la répandre en plus de dix endroits.
Au lieu d'un œuf elle en dit trois.
Ce n'eſt pas encor tout, car une autre commere
En dit quatre, & raconte à l'oreille le fait,
Precaution peu neceſſaire,
Car ce n'eſtoit plus un ſecret.
Comme le nombre d'œufs, grace à la renommée,
De bouche en bouche alloit croiſſant,
Avant la fin de la journée
Ils ſe montoient à plus d'un cent.

VII

LE CHIEN QUI PORTE A SON COU LE DISNÉ DE SON MAISTRE

Nous n'avons pas les yeux à l'épreuve des belles,
  Ny les mains à celle de l'or :
  Peu de gens gardent un trefor
  Avec des foins affez fidelles.
Certain Chien qui portoit la pitance au logis,
S'eftoit fait un collier du difné de fon maître.

Il eſtoit temperant plus qu'il n'eût voulu l'eſtre,
  Quand il voyoit un mets exquis :
Mais enfin il l'eſtoit; & tous tant que nous ſommes
Nous nous laiſſons tenter à l'approche des biens.
Choſe eſtrange! on apprend la temperance aux chiens,
  Et l'on ne peut l'apprendre aux hommes.
Ce Chien-cy donc eſtant de la ſorte atourné,
Un maſtin paſſe, & veut luy prendre le diſné.
  Il n'en eut pas toute la joye.
Qu'il eſperoit d'abord : Le Chien mit bas la proye,
Pour la défendre mieux, n'en eſtant plus chargé.
  Grand combat : D'autres Chiens arrivent.
  Ils eſtoient de ceux là qui vivent
Sur le public, & craignent peu les coups.
Noſtre Chien ſe voyant trop foible contre eux tous,
Et que la chair couroit un danger manifeſte,
Voulut avoir ſa part; Et luy ſage : il leur dit :
Point de courroux, Meſſieurs, mon lopin me ſuffit :
  Faites voſtre profit du reſte.
A ces mots le premier il vous hape un morceau.
Et chacun de tirer, le maſtin, la canaille ;
  A qui mieux mieux; ils firent tous ripaille ;
  Chacun d'eux eut part au gaſteau.

Je crois voir en cecy l'image d'une Ville,
Où l'on met les deniers à la mercy des gens.
  Echevins, Prevoſt des Marchands,
  Tout fait ſa main : le plus habile
Donne aux autres l'exemple; Et c'eſt un paſſe-temps

De leur voir nettoyer un monceau de piftoles.
Si quelque fcrupuleux par des raifons frivoles
Veut défendre l'argent, & dit le moindre mot;
  On luy fait voir qu'il eft un fot.
  Il n'a pas de peine à fe rendre :
  C'eft bien-toft le premier à prendre.

VIII

LE RIEUR ET LES POISSONS

On cherche les Rieurs ; & moy je les évite.
Cet art veut fur tout autre un fuprême merite.
  Dieu ne crea que pour les fots,
  Les méchans difeurs de bons mots.
  J'en vais peut-eftre en une Fable
  Introduire un ; peut-eftre auffi
Que quelqu'un trouvera que j'auray reuffi.
  Un rieur eftoit à la table
 D'un Financier ; & n'avoit en fon coin
Que de petits poiffons ; tous les gros eftoient loin.
Il prend donc les menus, puis leur parle à l'oreille,

Et puis il feint à la pareille,
D'écouter leur réponfe. On demeura furpris :
  Cela fufpendit les efprits.
  Le Rieur alors d'un ton fage
  Dit qu'il craignoit qu'un fien amy
  Pour les grandes Indes party,
  N'euft depuis un an fait naufrage.
Il s'en informoit donc à ce menu fretin :
Mais tous luy répondoient qu'ils n'étoient pas d'un âge
  A fçavoir au vray fon deftin ;
  Les gros en fçauroient davantage.
N'en puis-je donc, Meffieurs, un gros interroger ?
  De dire fi la compagnie
  Prit gouft à la plaifanterie,
J'en doute ; mais enfin, il les fceut engager
A luy fervir d'un monftre affez vieux pour luy dire
Tous les noms des chercheurs de mondes inconnus
  Qui n'en eftoient pas revenus,
Et que depuis cent ans fous l'abyfme avoient veus
  Les anciens du vafte empire.

A. Dolierre sc. Imp. A. Quantin

IX

LE RAT ET L'HUITRE

Un Rat hoſte d'un champ, Rat de peu de cervelle,
Des Lares paternels un jour ſe trouva ſou.
Il laiſſe-là le champ, le grain, & la javelle,
Va courir le païs, abandonne ſon trou.
    Si-toſt qu'il fut hors de la caſe,
Que le monde, dit-il, eſt grand & ſpacieux !
Voilà les Apennins, & voicy le Caucaſe :

La moindre Taupinée étoit mont à fes yeux.
Au bout de quelques jours le voyageur arrive
En un certain canton où Thetis fur la rive
Avoit laiffé mainte Huitre ; & noftre Rat d'abord
Crût voir en les voyant des vaiffeaux de haut bord.
Certes, dit-il, mon pere eftoit un pauvre fire :
Il n'ofoit voyager, craintif au dernier point :
Pour moy, j'ay déja veu le maritime empire :
J'ay paffé les deferts, mais nous n'y bûmes point.
D'un certain magifter le Rat tenoit ces chofes,
   Et les difoit à travers champs ;
N'eftant point de ces Rats qui les livres rongeans
   Se font fçavans jufques aux dents.
   Parmy tant d'Huitres toutes clofes,
Une s'eftoit ouverte, & bâillant au Soleil,
   Par un doux Zephir réjoüie,
Humoit l'air, refpiroit, eftoit épanoüie,
Blanche, graffe, & d'un gouft à la voir nompareil.
D'auffi loin que le Rat voit cette Huitre qui bâille,
Qu'apperçois-je ? dit-il, c'eft quelque victuaille ;
Et fi je ne me trompe à la couleur du mets,
Je dois faire aujourd'huy bonne chere, ou jamais.
Là-deffus maiftre Rat plein de belle efperance,
Approche de l'écaille, allonge un peu le cou,
Se fent pris comme aux lacs ; car l'Huitre tout d'un coup
Se referme, & voilà ce que fait l'ignorance.

Cette Fable contient plus d'un enfeignement.

Nous y voyons premierement;
Que ceux qui n'ont du monde aucune experience
Sont aux moindres objets frappez d'étonnement :
Et puis nous y pouvons apprendre,
Que tel eſt pris qui croyoit prendre.

X

L'OURS ET L'AMATEUR DES IARDINS

Certain Ours montagnard, Ours à demi leché,
Confiné par le fort dans un bois folitaire,
Nouveau Bellerophon vivoit feul & caché :
Il fuft devenu fou ; la raifon d'ordinaire
N'habite pas long-temps chez les gens fequeftrez :
Il eft bon de parler, & meilleur de fe taire,
Mais tous deux font mauvais alors qu'ils font outrez.
  Nul animal n'avoit affaire
  Dans les lieux que l'Ours habitoit ;
  Si bien que tout Ours qu'il eftoit

Il vint à s'ennuyer de cette trifte vie.
Pendant qu'il fe livroit à la mélancholie,
  Non loin de là certain vieillard
  S'ennuyoit auffi de fa part.
Il aimoit les jardins, eftoit Preftre de Flore,
  Il l'eftoit de Pomone encore :
Ces deux emplois font beaux ; Mais je voudrois parmy
  Quelque doux & difcret amy.
Les jardins parlent peu ; fi ce n'eft dans mon livre ;
  De façon que laffé de vivre
Avec des gens muets noftre homme un beau matin
Va chercher compagnie, & fe met en campagne.
  L'Ours porté d'un mefme deffein
  Venoit de quitter fa montagne :
  Tous deux par un cas furprenant
  Se rencontrent en un tournant.
L'homme eut peur : mais comment efquiver ; & que faire ?
Se tirer en Gafcon d'une femblable affaire
Eft le mieux : Il fceut donc diffimuler fa peur.
  L'Ours tres-mauvais complimenteur
Luy dit : Viens-t'en me voir. L'autre reprit, Seigneur,
Vous voyez mon logis ; fi vous me vouliez faire
Tant d'honneur que d'y prendre un champeftre repas,
J'ay des fruits, j'ay du lait : Ce n'eft peut-eftre pas
De Noffeigneurs les Ours le manger ordinaire ;
Mais j'offre ce que j'ay. L'Ours l'accepte ; & d'aller.
Les voila bons amis avant que d'arriver.
Arrivez, les voila, fe trouvant bien enfemble ;
  Et bien qu'on foit à ce qu'il femble

Beaucoup mieux feul qu'avec des fots,
Comme l'Ours en un jour ne difoit pas deux mots
L'homme pouvoit fans bruit vaquer à fon ouvrage.
L'Ours alloit à la chaffe, apportoit du gibier,
　　Faifoit fon principal meftier
D'eftre bon émoucheur, écartoit du vifage
De fon amy dormant, ce parafite aiflé,
　　Que nous avons mouche appellé.
Un jour que le vieillard dormoit d'un profond fomme,
Sur le bout de fon nez une allant fe placer
Mit l'Ours au defefpoir, il eut beau la chaffer.
Je t'attraperay bien, dit-il. Et voicy comme.
Auffi-toft fait que dit; le fidele émoucheur
Vous empoigne un pavé, le lance avec roideur,
Caffe la tefte à l'homme en écrazant la mouche,
Et non moins bon archer que mauvais raifonneur :
Roide mort étendu fur la place il le couche.
Rien n'eft fi dangereux qu'un ignorant amy;
　　Mieux vaudroit un fage ennemy.

XI

LES DEUX AMIS

Deux vrais amis vivoient au Monomotapa :
L'un ne poſſedoit rien qui n'apartinſt à l'autre :
    Les amis de ce païs-là
    Valent bien dit-on ceux du noſtre.
Une nuit que chacun s'occupoit au ſommeil,
Et mettoit à profit l'abſence du Soleil,
Un de nos deux amis ſort du lit en alarme :
Il court chez ſon intime, éveille les valets :
Morphée avoit touché le ſeüil de ce palais.
L'amy couché s'eſtonne, il prend ſa bourſe, il s'arme;

Vient trouver l'autre, & dit : Il vous arrive peu
De courir quand on dort ; vous me paroiffiez homme
A mieux ufer du temps deftiné pour le fomme :
N'auriez-vous point perdu tout voftre argent au jeu ?
En voicy : s'il vous eft venu quelque querelle,
J'ay mon épée, allons : Vous ennuyez-vous point
De coucher toûjours feul ? une efclave affez belle
Eftoit à mes coftez, voulez-vous qu'on l'appelle ?
Non, dit l'amy, ce n'eft ni l'un ny l'autre poinct :
  Je vous rend grace de ce zele.
Vous m'eftes en dormant un peu trifte apparu ;
J'ay craint qu'il ne fuft vray, je fuis vifte accouru.
  Ce maudit fonge en eft la caufe.
Qui d'eux aimoit le mieux, que t'en femble Lecteur ?
Cette difficulté vaut bien qu'on la propofe.
Qu'un amy veritable eft une douce chofe.
Il cherche vos befoins au fond de voftre cœur ;
  Il vous épargne la pudeur
  De les luy découvrir vous-mefme.
  Un fonge, un rien, tout luy fait peur
  Quand il s'agit de ce qu'il aime.

XII

LE COCHON, LA CHÈVRE ET LE MOUTON

Vne Chevre, un Mouton, avec un Cochon gras,
Montez fur mefme char s'en alloient à la foire :
Leur divertiffement ne les y portoit pas;
On s'en alloit les vendre, à ce que dit l'hiftoire :
      Le Charton n'avoit pas deffein
      De les mener voir Tabarin.
      Dom pourceau crioit en chemin,
Comme s'il avoit eu cent Bouchers à fes trouffes.
C'eftoit une clameur à rendre les gens fourds :
Les autres animaux, creatures plus douces,

Bonnes gens, s'eſtonnoient qu'il criaſt au ſecours ;
   Ils ne voyoient nul mal à craindre.
Le Charton dit au Porc, qu'as-tu tant à te plaindre ?
Tu nous étourdis tous, que ne te tiens-tu coy ?
Ces deux perſonnes-cy plus honneſtes que toy,
Devroient t'apprendre à vivre, ou du moins à te taire.
Regarde ce Mouton ; A-t-il dit un ſeul mot ?
   Il eſt ſage. Il eſt un ſot,
Repartit le Cochon : s'il ſçavoit ſon affaire,
Il crieroit comme moy du haut de ſon gozier,
   Et cette autre perſonne honneſte
   Crieroit tout du haut de ſa teſte.
Ils penſent qu'on les veut ſeulement décharger,
La Chevre de ſon lait, le Mouton de ſa laine.
   Je ne ſçay pas s'ils ont raiſon ;
   Mais quant à moy qui ne ſuis bon
   Qu'à manger, ma mort eſt certaine.
   Adieu mon toit & ma maiſon.
Dom Pourceau raiſonnoit en ſubtil perſonnage :
Mais que luy ſervoit-il ? quand le mal eſt certain,
La plainte ny la peur ne changent le deſtin ;
Et le moins prévoïant eſt toûjours le plus ſage.

XIII

TIRCIS ET AMARANTE

Pour Mademoiselle de SILLERY

J'avois Esope quitté
Pour estre tout à Bocace :
Mais une divinité
Veut revoir sur le Parnasse
Des Fables de ma façon ;
Or d'aller luy dire, Non,
Sans quelque valable excuse,
Ce n'est pas comme on en use
Avec des Divinitez,
Sur tout quand ce sont de celles
Que la qualité de belles

Fait Reines des volontez.
Car afin que l'on le fçache
C'eſt Sillery qui s'attache
A vouloir que de nouveau
Sire Loup, Sire Corbeau
Chez moy ſe parlent en rime.
Qui dit Sillery, dit tout;
Peu de gens en leur eſtime
Luy refuſent le haut bout;
Comment le pourroit-on faire?
Pour venir à noſtre affaire,
Mes contes à ſon avis
Sont obſcurs; Les beaux eſprits
N'entendent pas toute choſe :
Faiſons donc quelques recits
Qu'elle déchifre ſans gloſe.
Amenons des Bergers & puis nous rimerons
Ce que diſent entre eux les Loups & les Moutons
Tircis diſoit un jour à la jeune Amaranthe;
Ah! ſi vous connoiſſiez comme moy certain mal
   Qui nous plaiſt & qui nous enchante!
Il n'eſt bien ſous le Ciel qui vous paruſt égal :
  Souffrez qu'on vous le communique;
  Croyez-moy; n'ayez point de peur;
Voudrois-je vous tromper, vous pour qui je me pique
Des plus doux ſentimens que puiſſe avoir un cœur?
  Amaranthe auſſi-toſt replique:
Comment l'appellez-vous ce mal? quel eſt ſon nom?
L'amour. Ce mot eſt beau : Dites-moy quelque marque

A quoy je le pourray connoiftre : que fent-on?
Des peines prés de qui le plaifir des Monarques
Eft ennuyeux & fade : on s'oublie, on fe plaift
   Toute feule en une foreft.
   Se mire-t-on prés un rivage?
Ce n'eft pas foy qu'on void, on ne void qu'une image
Qui fans ceffe revient & qui fuit en tous lieux :
   Pour tout le refte on eft fans yeux.
   Il eft un Berger du village
Dont l'abord, dont la voix, dont le nom fait rougir :
   On foûpire à fon fouvenir :
On ne fçait pas pourquoy; cependant on foûpire;
On a peur de le voir encor qu'on le defire.
   Amaranthe dit à l'inftant :
Oh! oh! c'eft-là ce mal que vous me prêchez tant?
Il ne m'eft pas nouveau : je penfe le connoître.
   Tircis à fon but croyoit eftre,
Quand la belle ajoûta, Voila tout juftement
   Ce que je fens pour Clidamant.
L'autre penfa mourir de dépit & de honte,
   Il eft force gens comme luy
Qui pretendent n'agir que pour leur propre compte,
   Et qui font marché d'autruy.

XIV

LES OBSEQUES DE LA LIONNE

La femme du Lion mourut :
Auſſi-toſt chacun accourut
Pour s'aquiter envers le Prince
De certains complimens de conſolation,
Qui font ſurcroît d'affliction.
Il fit avertir ſa Province,
Que les obſeques ſe feroient
Un tel jour, en tel lieu; ſes Prevoſts y feroient
Pour regler la ceremonie,

Et pour placer la compagnie.
Jugez fi chacun s'y trouva.
Le Prince aux cris s'abandonna.
Et tout fon antre en réfonna.
Les Lions n'ont point d'autre temple.
On entendit à fon exemple
Rugir en leurs patois Meffieurs les Courtifans.
Je definis la cour un païs où les gens
Triftes, gais, prefts à tout, à tout indifferens,
Sont ce qu'il plaift au Prince, ou s'ils ne peuvent l'eftre,
Tafchent au moins de le parêtre,
Peuple caméleon, peuple finge du maître;
On diroit qu'un efprit anime mille corps;
C'eft bien là que les gens font de fimples refforts.
Pour revenir à noftre affaire
Le Cerf ne pleura point, comment euft-il pû faire?
Cette mort le vengeoit; la Reine avoit jadis
Etranglé fa femme & fon fils.
Bref il ne pleura point. Un flateur l'alla dire,
Et foûtint qu'il l'avoit veu rire.
La colere du Roy, comme dit Salomon,
Eft terrible, & fur tout celle du Roy Lion :
Mais ce Cerf n'avoit pas accouftumé de lire.
Le Monarque luy dit, Chetif hofte des bois
Tu ris, tu ne fuis pas ces gemiffantes voix.
Nous n'appliquerons point fur tes membres profanes
Nos facrez ongles; venez Loups,
Vengez la Reine, immolez tous
Ce traiftre à fes auguftes manes.

Le Cerf reprit alors : Sire, le temps de pleurs
Eſt paſſé ; la douleur eſt icy ſuperfluë.
Voſtre digne moitié couchée entre des fleurs,
   Tout prés d'icy m'eſt apparuë ;
   Et je l'ay d'abord reconnuë.
Amy, m'a-t-elle dit, garde que ce convoy,
Quand je vais chez les Dieux, ne t'oblige à des larmes.
Aux champs Eliſiens j'ay goûté mille charmes,
Converſant avec ceux qui ſont ſaints comme moy.
Laiſſe agir quelque-temps le deſeſpoir du Roy.
J'y prens plaiſir. A peine on eut ouï la choſe,
Qu'on ſe mit à crier, Miracle, apotheoſe.
Le Cerf eut un preſent, bien loin d'eſtre puny.
   Amuſez les Rois par des ſonges,
Flatez-les, payez-les d'agreables menſonges,
 Quelque indignation dont leur cœur ſoit remply,
Ils goberont l'appaſt, vous ferez leur amy.

XV

LE RAT ET L'ELEPHANT

Se croire un perſonnage, eſt fort commun en France.
    On y fait l'homme d'importance,
    Et l'on n'eſt ſouvent qu'un Bourgeois :
    C'eſt proprement le mal François.
La ſotte vanité nous eſt particuliere.
Les Eſpagnols ſont vains, mais d'une autre maniere.
    Leur orgueil me ſemble en un mot
    Beaucoup plus fou. mais pas ſi ſot.
    Donnons quelque image du noſtre
    Qui ſans doute en vaut bien un autre.

Un Rat des plus petits voyoit un Elephant
Des plus gros, & railloit le marcher un peu lent
  De la beſte de haut parage,
  Qui marchoit à gros équipage.
  Sur l'animal à triple étage
  Une Sultane de renom,
  Son Chien, ſon Chat, & ſa Guenon,
Son Perroquet, ſa vieille, & toute ſa maiſon,
  S'en alloit en pelerinage.
  Le Rat s'eſtonnoit que les gens
Fuſſent touchez de voir cette peſante maſſe :
Comme ſi d'occuper ou plus ou moins de place,
Nous rendoit, diſoit-il, plus ou moins importans.
Mais qu'admirez-vous tant en luy vous autres hommes ?
Seroit-ce ce grand corps, qui fait peur aux enfans ?
Nous ne nous priſons pas, tout petits que nous ſommes,
  D'un grain moins que les Elephans.
  Il en auroit dit davantage ;
  Mais le Chat ſortant de ſa cage,
  Luy fit voir en moins d'un inſtant
  Qu'un Rat n'eſt pas un Elephant.

XVI

L'HOROSCOPE

On rencontre fa deftinée
Souvent par des chemins qu'on prend pour l'éviter.
　　Un pere eut pour toute lignée
Un fils qu'il aima trop, jufques à confulter
　　　Sur le fort de fa geniture,
　　Les difeurs de bonne aventure.
Un de ces gens luy dit, que des Lions fur tout
Il éloignaft l'enfant jufques à certain âge ;
　　　Jufqu'à vingt ans, point davantage.
　　　Le pere pour venir à bout
D'une précaution fur qui rouloit la vie
De celuy qu'il aimoit, défendit que jamais

On luy laiſſaſt paſſer le feüil de ſon Palais.
Il pouvoit ſans ſortir contenter ſon envie,
Avec ſes compagnons tout le jour badiner,
   Sauter, courir, ſe promener.
   Quand il fut en l'âge où la chaſſe
   Plaiſt le plus aux jeunes eſprits,
   Cet exercice avec mépris
   Luy fut dépeint : mais quoy qu'on faſſe,
   Propos, conſeil, enſeignement,
   Rien ne change un temperament.
Le jeune homme inquiet, ardent, plein de courage,
A peine ſe ſentit des boüillons d'un tel âge,
   Qu'il soûpira pour ce plaiſir.
Plus l'obſtacle eſtoit grand, plus fort fut le deſir.
Il ſçavoit le ſujet des fatales défenſes ;
Et comme ce logis plein de magnificences,
   Abondoit par tout en tableaux,
   Et que la laine & les pinceaux
Traçoient de tous coſtez chaſſes & païſages,
   En cet endroit des animaux,
   En cet autre des perſonnages,
Le jeune homme s'émeut voyant peint un Lion.
Ah ! monſtre, cria-t-il, c'eſt toy qui me fais vivre
Dans l'ombre & dans les fers. A ces mots il ſe livre
Aux tranſports violens de l'indignation,
   Porte le poing ſur l'innocente beſte.
Sous la tapiſſerie un clou ſe rencontra.
   Ce clou le bleſſe ; il penetra
Juſqu'aux reſſorts de l'âme ; & cette chere teſte

Pour qui l'art d'Efculape en vain fit ce qu'il put,
Deut fa perte à ces foins qu'on prit pour fon falut.
Mefme précaution nuifit au Poëte Æfchile.
 Quelque Devin le menaça, dit-on,
 De la cheute d'une maifon.
 Auffi-toft il quita la ville,
Mit fon lit en plein champ, loin des toits, fous les Cieux.
Un Aigle qui portoit en l'air une Tortuë,
Paffa par là, vid l'homme, & fur fa tefte nuë,
Qui parut un morceau de rocher à fes yeux,
 Eftant de cheveux dépourveuë,
Laiffa tomber fa proye, afin de la caffer :
Le pauvre Æfchile ainfi fceut fes jours avancer.
 De ces exemples il refulte,
Que cet art, s'il eft vray, fait tomber dans les maux,
 Que craint celuy qui le confulte;
Mais je l'en juftifie, & maintiens qu'il eft faux.
 Je ne crois point que la nature
Se foit lié les mains, & nous les lie encor,
Jufqu'au point de marquer dans les Cieux noftre fort.
 Il dépend d'une conjonéture
 De lieux, de perfonnes, de temps;
Non des conjonétions de tous ces charlatans.
Ce Berger & ce Roy font fous mefme Planete;
L'un d'eux porte le fceptre & l'autre la houlete :
 Jupiter le vouloit ainfi.
Qu'eft-ce que Jupiter? un corps fans connoiffance.
 D'où vient donc que fon influence
Agit differemment fur ces deux hommes-cy?

Puis comment penetrer jufques à noftre monde?
Comment percer des airs la campagne profonde?
Percer Mars, le Soleil, & des vuides fans fin?
Un atome la peut détourner en chemin :
Où l'iront retrouver les faifeurs d'Horofcope?
   L'état où nous voyons l'Europe,
Merite que du moins quelqu'un d'eux l'ait préveu;
Que ne l'a-t-il donc dit? mais nul d'eux ne l'a fceu.
L'immenfe éloignement, le poinct, & fa vîteffe,
  Celle auffi de nos paffions,
  Permettent-ils à leur foibleffe
De fuivre pas à pas toutes nos actions?
Noftre fort en dépend : fa courfe entrefuivie,
Ne va non plus que nous jamais d'un mefme pas;
  Et ces gens veulent au compas,
  Tracer le cours de noftre vie!
  Il ne fe faut point arrefter
Aux deux faits ambigus que je viens de conter.
Ce fils par trop chery, ny le bon homme Æfchile
N'y font rien. Tout aveugle & menteur qu'eft cet art,
Il peut frapper au but une fois entre mille;
  Ce font des effets du hazard.

XVII

L'ASNE ET LE CHIEN

Il fe faut entr'ayder; c'eft la loy de nature :
    L'Afne un jour pourtant s'en moqua .
    Et ne fçais comme il y manqua;
    Car il eft bonne creature.
Il alloit par pays accompagné du Chien,
    Gravement, fans fonger à rien,
    Tous deux fuivis d'un commun maître.
Ce maiftre s'endormit : l'Afne fe mit à paître :
    Il eftoit alors dans un pré,
    Dont l'herbe eftoit fort à fon gré.
Point de chardons pourtant; il s'en paffa pour l'heure :
Il ne faut pas toûjours eftre fi délicat;
    Et faute de fervir ce plat

Rarement un feſtin demeure.
Noſtre Baudet s'en ſceut enfin
Paſſer pour cette fois. Le Chien mourant de faim
Luy dit : cher compagnon, baiſſe-toy, je te prie;
Je prendray mon diſné dans le panier au pain,
Point de réponſe, mot; le Rouſſin d'Arcadie
Craignit qu'en perdant un moment,
Il ne perdiſt un coup de dent.
Il fit long-temps la ſourde oreille :
Enfin il répondit : Amy, je te conſeille
D'attendre que ton maiſtre ait fini ſon ſommeil;
Car il te donnera ſans faute à ſon réveil
Ta portion accoûtumée.
Il ne ſçauroit tarder beaucoup.
Sur ces entrefaites un Loup
Sort du bois, & s'en vient; autre beſte affamée.
L'Aſne appelle auſſi-toſt le Chien à ſon ſecours.
Le Chien ne bouge, & dit : amy, je te conſeille
De fuir en attendant que ton maiſtre s'éveille :
Il ne ſçauroit tarder; détale viſte, & cours.
Que ſi ce Loup t'atteint, caſſe-luy la machoire.
On t'a ferré de neuf; & ſi tu me veux croire,
Tu l'étendras tout plat. Pendant ce beau diſcours
Seigneur Loup étrangla le Baudet ſans remede.
Je conclus qu'il faut qu'on s'entrayde.

XVIII

LE BASSA ET LE MARCHAND

Vn Marchand Grec en certaine contrée
Faifoit trafic. Un Baffa l'appuyoit;
Dequoy le Grec en Baffa le payoit,
Non en Marchand; tant c'eft chere denrée
Qu'un protecteur. Celuy-cy coûtoit tant,
Que noftre Grec s'alloit par tout plaignant.
Trois autres Turcs d'un rang moindre en puiffance
Luy vont offrir leur fupport en commun.
Eux trois vouloient moins de reconnoiffance
Qu'à ce Marchand il n'en coutoit pour un.

Le Grec écoute : avec eux il s'engage;
Et le Baſſa du tout eſt averty :
Meſme on luy dit qu'il joûra s'il eſt ſage,
A ces gens-là quelque méchant party,
Les prévenant, les chargeant d'un meſſage
Pour Mahomet, droit en ſon paradis,
Et ſans tarder : Sinon ces gens unis
Le préviendront, bien certains qu'à la ronde,
Il a des gens tout preſts pour le venger.
Quelque poiſon l'envoyra proteger
Les trafiquans qui ſont en l'autre monde.
Sur cet avis le Turc ſe comporta
Comme Alexandre; & plein de confiance
Chez le Marchand tout droit il s'en alla;
Se mit à table : on vid tant d'aſſurance
En ſes diſcours & dans tout ſon maintien,
Qu'on ne crut point qu'il ſe doutaſt de rien.
Amy, dit-il, je ſçais que tu me quites :
Meſme l'on veut que j'en craigne les fuites;
Mais je te crois un trop homme de bien :
Tu n'as point l'air d'un donneur de breuvage.
Je n'en dis pas là deſſus davantage.
Quant à ces gens qui penſent t'appuyer,
Ecoute-moy. Sans tant de Dialogue,
Et de raiſons qui pourroient t'ennuyer,
Je ne te veux conter qu'un Apologue.

Il eſtoit un Berger, ſon Chien, & ſon troupeau.
Quelqu'un luy demanda ce qu'il prétendoit faire

D'un Dogue de qui l'ordinaire
Eſtoit un pain entier. Il faloit bien & beau
Donner cet animal au Seigneur du village.
  Luy Berger pour plus de ménage
  Auroit deux ou trois maſtineaux,
Qui luy dépenſant moins veilleroient aux troupeaux,
  Bien mieux que cette beſte ſeule.
Il mangeoit plus que trois : mais on ne diſoit pas
  Qu'il avoit auſſi triple gueule
  Quand les Loups livroient des combats.
Le Berger s'en défait : Il prend trois chiens de taille
A luy dépenſer moins, mais à fuir la bataille.
Le troupeau s'en ſentit, & tu te ſentiras
  Du choix de ſemblable canaille.
  Si tu fais bien, tu reviendras à moy.
  Le Grec le crut. Cecy montre aux Provinces
  Que tout compté mieux vaut en bonne-foy
  S'abandonner à quelque puiſſant Roy,
  Que s'appuyer de pluſieurs petits Princes.

XIX

L'AVANTAGE DE LA SCIENCE

Entre deux Bourgeois d'une Ville
S'émeut jadis un differend.
L'un eſtoit pauvre, mais habile;
L'autre riche, mais ignorant.
Celuy-cy ſur ſon concurrent
Vouloit emporter l'avantage :

Prétendoit que tout homme fage
Eftoit tenu de l'honorer.
C'eftoit tout homme fot : car pourquoy reverer
Des biens dépourveus de merite?
La raifon m'en femble petite.
Mon amy, difoit-il fouvent
Au fçavant,
Vous vous croyez confiderable;
Mais dites-moy, tenez-vous table?
Que fert à vos pareils de lire inceffamment?
Ils font toûjours logez à la troifiéme chambre,
Veftus au mois de Juin comme au mois de Decembre,
Ayant pour tout Laquais leur ombre feulement.
La Republique a bien affaire
De gens qui ne dépenfent rien :
Je ne fçais d'homme neceffaire
Que celuy dont le luxe épand beaucoup de bien.
Nous en ufons, Dieu fçait : noftre plaifir occupe
L'Artifan, le vendeur, celuy qui fait la jupe,
Et celle qui la porte, & vous qui dédiez
A Meffieurs les gens de Finance
De méchants livres bien payez.
Ces mots remplis d'impertinence
Eurent le fort qu'ils méritoient.
L'homme lettré fe teut, il avoit trop à dire.
La guerre le vengea, bien mieux qu'une fatyre.
Mars détruifit le lieu que nos gens habitoient.
L'un & l'autre quita fa Ville.
L'ignorant refta fans azile;

Il receut par tout des mépris ;
L'autre receut par tout quelque faveur nouvelle.
Cela décida leur querelle.
Laiffez dire les fots; le fçavoir a fon prix.

XX

IUPITER ET LES TONNERRES

Iupiter voyant nos fautes,
Dit un jour du haut des airs :
Rempliſſons de nouveaux hoſtes
Les cantons de l'Univers
Habitez par cette race
Qui m'importune & me laſſe.
Va-t-en, Mercure, aux Enfers :
Ameine-moy la furie
La plus cruelle des trois.
Race que j'ay trop cherie,
Tu periras cette fois.

Jupiter ne tarda guere
A moderer ſon tranſport.
O vous Rois qu'il voulut faire
Arbitres de noſtre ſort,
Laiſſez entre la colere
Et l'orage qui la ſuit
L'intervalle d'une nuit.
Le Dieu dont l'aiſle eſt legere,
Et la langue a des douceurs,
Alla voir les noires Sœurs.
A Tiſyphone & Mégere
Il préfera, ce dit-on,
L'impitoyable Alecton.
Ce choix la rendit ſi fiere,
Qu'elle jura par Pluton
Que toute l'engeance humaine
Seroit bien-toſt du domaine
Des Deïtez de la bas.
Jupiter n'approuva pas
Le ferment de l'Eumenide.
Il la renvoye, & pourtant
Il lance un foudre à l'inſtant
Sur certain peuple perfide.
Le tonnerre ayant pour guide
Le pere meſme de ceux
Qu'il menaçoit de ſes feux,
Se contenta de leur crainte;
Il n'embraza que l'enceinte
D'un deſert inhabité.

Tout pere frape à cofté.
Qu'arriva-t-il? noftre engeance
Prit pied fur cette indulgence.
Tout l'Olympe s'en plaignit :
Et l'affembleur de nuages
Jura le Stix, & promit
De former d'autres orages;
Ils feroient feurs. On foûrit :
On luy dit qu'il eftoit pere,
Et qu'il laiffaft pour le mieux
A quelqu'un des autres Dieux
D'autres tonnerres à faire.
Vulcan entreprit l'affaire.
Ce Dieu remplit fes fourneaux
De deux fortes de carreaux.
L'un jamais ne fe fourvoye,
Et c'eft celuy que toûjours
L'Olympe en corps nous envoye.
L'autre s'écarte en fon cours;
Ce n'eft qu'aux monts qu'il en coute :
Bien fouvent mefme il fe perd,
Et ce dernier en fa route
Nous vient du feul Jupiter.

XXI

LE FAUCON ET LE CHAPON

Une traitreſſe voix bien ſouvent vous appelle ;
  Ne vous preſſez donc nullement :
Ce n'eſtoit pas un ſot, non, non, & croyez-m'en
  Que le Chien de Jean de Nivelle.
Un citoyen du Mans Chapon de ſon métier
  Eſtoit ſommé de comparaiſtre
  Pardevant les lares du maiſtre,
Au pied d'un tribunal que nous nommons foyer.
Tous les gens luy crioient pour déguiſer la choſe,
Petit, petit, petit : mais loin de s'y fier,
Le Normand & demi laiſſoit les gens crier :
Serviteur, diſoit-il, voſtre appaſt eſt groſſier ;

On ne m'y tient pas; & pour cause.
Cependant un Faucon sur sa perche voyoit
   Nostre Manceau qui s'enfuyoit.
Les Chapons ont en nous fort peu de confiance,
   Soit instinct, soit experience.
Celuy-cy qui ne fut qu'avec peine attrapé,
Devoit le lendemain estre d'un grand soupé,
Fort à l'aise, en un plat, honneur dont la volaille
   Se seroit passée aisément.
L'Oiseau chasseur luy dit : Ton peu d'entendement
Me rend tout estonné : Vous n'estes que racaille,
Gens grossiers, sans esprit, à qui l'on n'apprend rien.
Pour moy, je sçais chasser, & revenir au maistre.
   Le vois-tu pas à la fenestre?
Il t'attend, es-tu sourd? Je n'entends que trop bien,
Repartit le Chapon : Mais que me veut-il dire,
Et ce beau Cuisinier armé d'un grand couteau?
   Reviendrois-tu pour cet appeau?
   Laisse-moy fuir, cesse de rire
De l'indocilité qui me fait envoler,
Lors que d'un ton si doux on s'en vient m'appeler.
   Si tu voyois mettre à la broche
   Tous les jours autant de Faucons
   Que j'y vois mettre de Chapons,
Tu ne me ferois pas un semblable reproche.

XXII

LE CHAT ET LE RAT

Quatre animaux divers, le Chat grippe-fromage,
Trifte oifeau le Hibou, Ronge-maille le Rat,
      Dame Belette au long corfage,
      Toutes gens d'efprit fcelerat,
Hantoient le tronc pourry d'un pin vieux & fauvage.
Tant y furent qu'un foir à l'entour de ce pin
L'homme tendit fes rets. Le Chat de grand matin
      Sort pour aller chercher fa proye.
Les derniers traits de l'ombre empefchent qu'il ne voye
Le filet; il y tombe, en danger de mourir :

Et mon Chat de crier, & le Rat d'accourir,
L'un plein de defefpoir, & l'autre plein de joye.
Il voyoit dans les las fon mortel ennemy.
  Le pauvre Chat dit : Cher amy,
  Les marques de ta bienveillance
   Sont communes en mon endroit :
Vien m'aider à fortir du piege où l'ignorance
   M'a fait tomber : C'eft à bon droit
Que feul entre les tiens par amour finguliere
Je t'ay toujours choyé, t'aimant comme mes yeux.
Je n'en ay point regret, & j'en rends grace aux Dieux.
  J'allois leur faire ma priere;
Comme tout devot Chat en ufe les matins.
Ce rezeau me retient; ma vie eft en tes mains :
Vien diffoudre ces nœuds. Et quelle recompenfe
  En auray-je? reprit le Rat.
  Je jure eternelle alliance
   Avec toy, repartit le Chat.
Difpofe de ma griffe, & fois en affurance :
Envers & contre tous je te protegeray,
  Et la Belette mangeray
  Avec l'époux de la Choüette.
Ils t'en veulent tous deux. Le Rat dit : Idiot!
Moy ton liberateur? je ne fuis pas fi fot.
  Puis il s'en va vers fa retraite.
  La Belette eftoit prés du trou.
Le Rat grimpe plus haut; il y void le Hibou :
Dangers de toutes parts; le plus preffant l'emporte.
Ronge-maille retourne au Chat, & fait en forte

Qu'il détache un chaifnon, puis un autre, & puis tant
  Qu'il dégage enfin l'hypocrite.
  L'homme paroift en cet inftant.
Les nouveaux alliez prennent tous deux la fuite.
A quelque-temps delà noftre Chat vid de loin
Son Rat qui fe tenoit à l'erte & fur fes gardes.
Ah! mon frere, dit-il, vien m'embraffer; ton foin
  Me fait injure; Tu regardes
  Comme ennemy ton allié.
  Penfes-tu que j'aye oublié
  Qu'apres Dieu je te dois la vie?
Et moy, reprit le Rat, penfes-tu que j'oublie
  Ton naturel? aucun traité
Peut-il forcer un Chat à la reconnoiffance?
  S'affure-t-on fur l'alliance
  Qu'a faite la neceffité?

XXIII

LE TORRENT ET LA RIVIÉRE

Avec grand bruit & grand fracas
Un Torrent tomboit des montagnes :
Tout fuyoit devant luy; l'horreur fuivoit fes pas;
Il faifoit trembler les campagnes.
Nul voyageur n'ofoit paffer
Une barriere fi puiffante :
Un feul vid des voleurs, & fe fentant preffer,
Il mit entre eux & luy cette onde menaçante.
Ce n'eftoit que menace, & bruit, fans profondeur;
Noftre homme enfin n'eut que la peur.

Ce fuccés luy donnant courage,
Et les mefmes voleurs le pourfuivant toûjours,
Il rencontra fur fon paffage
Une Riviere dont le cours
Image d'un fommeil doux, paifible & tranquille
Luy fit croire d'abord ce trajet fort facile.
Point de bords efcarpez, un fable pur & net.
Il entre, & fon cheval le met
A couvert des voleurs, mais non de l'onde noire :
Tous deux au Styx allerent boire ;
Tous deux à nâger malheureux
Allerent traverfer au fejour tenebreux,
Bien d'autres fleuves que les nôtres.
Les gens fans bruit font dangereux ;
Il n'en eft pas ainfi des autres.

XXIV

L'EDUCATION

Laridon & Cefar, freres dont l'origine
Venoit de chiens fameux, beaux, bien faits & hardis,
A deux maiftres divers échûs au temps jadis,
Hantoient, l'un les forefts, & l'autre la cuifine.
Ils avoient eu d'abord chacun un autre nom :
　　　Mais la diverfe nourriture
Fortifiant en l'un cette heureufe nature,
En l'autre l'alterant, un certain marmiton

Nomma celuy-cy Laridon :
Son frere ayant couru mainte haute avanture,
Mis maint Cerf aux abois, maint Sanglier abatu,
Fut le premier Cefar que la gent chienne ait eu.
On eut foin d'empefcher qu'une indigne maiftreffe
Ne fift en fes enfants dégenerer fon fang :
Laridon negligé témoignoit fa tendreffe
  A l'objet le premier paffant.
  Il peupla tout de fon engeance :
Tourne-broches par luy rendus communs en France
Y font un corps à part, gens fuyans les hazards,
  Peuple antipode des Cefars.
On ne fuit pas toujours fes ayeux ny fon pere :
Le peu de foin, le temps, tout fait qu'on dégenere :
Faute de cultiver la nature & fes dons,
O combien de Cefars deviendront Laridons !

XXV

LES DEUX CHIENS ET L'ASNE MORT

Les vertus devroient eftre fœurs,
    Ainfi que les vices font freres :
Dés que l'un de ceux-cy s'empare de nos cœurs,
Tous viennent à la file, il ne s'en manque gueres;
    J'entends de ceux qui n'eftant pas contraires
    Peuvent loger fous mefme toit.
A l'égard des vertus, rarement on les void
Toutes en un fujet eminemment placées
Se tenir par la main fans eftre difperfées.
L'un eft vaillant, mais prompt; l'autre eft prudent, mais froid.

Parmy les animaux le Chien fe pique d'être
  Soigneux & fidele à fon maiftre ;
  Mais il eft fot, il eft gourmand :
Témoin ces deux mâtins qui dans l'éloignement
Virent un Afne mort qui flotoit fur les ondes.
Le vent de plus en plus l'éloignoit de nos Chiens,
Amy, dit l'un, tes yeux font meilleurs que les miens.
Porte un peu tes regards fur ces plaines profondes.
J'y crois voir quelque chofe : Eft-ce un Bœuf, un Cheval ?
  Hé qu'importe quel animal ?
Dit l'un de ces maftins ; voila toujours curée.
Le point eft de l'avoir ; car le trajet eft grand ;
Et de plus il nous faut nager contre le vent.
Beuvons toute cette eau ; noftre gorge alterée
En viendra bien à bout : ce corps demeurera
  Bien-toft à fec, & ce fera
  Provifion pour la femaine.
Voila mes Chiens à boire ; ils perdirent l'haleine,
  Et puis la vie ; ils firent tant
  Qu'on les vid crever à l'inftant.
L'homme eft ainfi bafti : Quand un fujet l'enflâme
L'impoffibilité difparoift à fon ame.
Combien fait-il de vœux, combien perd-il de pas ?
S'outrant pour acquerir des biens ou de la gloire ?
  Si j'arrondiffois mes eftats !
Si je pouvois remplir mes coffres de ducats !
Si j'apprenois l'hebreu, les fciences, l'hiftoire !
  Tout cela c'eft la mer à boire ;
  Mais rien à l'homme ne fuffit :

Pour fournir aux projets que forme un feul efprit
Il faudroit quatre corps; encor loin d'y fuffire
A my chemin je crois que tous demeureroient :
Quatre Mathufalems bout à bout ne pourroient
      Mettre à fin ce qu'un feul defire.

XXVI

DEMOCRITE ET LES ABDERITAINS

Que j'ay toujours hay les penſers du vulgaire!
Qu'il me ſemble profane, injuſte, & temeraire;
Mettant de faux milieux entre la choſe & luy,
Et meſurant par foy ce qu'il void en autruy!
Le maiſtre d'Epicure en fit l'apprentiſſage.
Son pays le crut fou : Petits eſprits! mais quoy?
     Aucun n'eſt prophete chez foy.
Ces gens eſtoient les fous, Democrite le ſage.
L'erreur alla ſi loin, qu'Abdere deputa
     Vers Hipocrate, & l'invita,

Par lettres & par ambaffade,
A venir reftablir la raifon du malade.
Noftre concitoyen, difoient-ils en pleurant,
Perd l'efprit : la lecture a gafté Democrite.
Nous l'eftimerions plus s'il eftoit ignorant.
Aucun nombre, dit-il, les mondes ne limite :
  Peut-eftre mefme ils font remplis
 De Democrites infinis.
Non content de ce fonge il y joint les atômes,
Enfans d'un cerveau creux, invifibles fantômes;
Et mefurant les Cieux fans bouger d'icy bas
Il connoift l'Univers & ne fe connoift pas.
Un temps fut qu'il fçavoit accorder les debats;
 Maintenant il parle à luy-mefme.
Venez divin mortel; fa folie eft extrême.
Hipocrate n'eut pas trop de foy pour ces gens :
Cependant il partit : Et voyez, je vous prie,
 Quelles rencontres dans la vie
Le fort caufe; Hipocrate arriva dans le temps
Que celuy qu'on difoit n'avoir raifon ny fens
 Cherchoit dans l'homme & dans la befte
Quel fiege a la raifon, foit le cœur, foit la tefte.
Sous un ombrage épais, affis prés d'un ruiffeau,
 Les labirintes d'un cerveau
L'occupoient. Il avoit à fes pieds maint volume,
Et ne vid prefque pas fon amy s'avancer,
 Attaché felon fa coûtume.
Leur compliment fut court, ainfi qu'on peut penfer.
Le fage eft ménager du temps & des paroles.

Ayant donc mis à part les entretiens frivoles,
Et beaucoup raifonné fur l'homme & fur l'efprit,
 Ils tomberent fur la morale.
 Il n'eft pas befoin que j'étale
 Tout ce que l'un & l'autre dit.
 Le recit precedent fuffit
Pour montrer que le peuple eft juge recufable.
 En quel fens eft donc veritable
 Ce que j'ay leu dans certain lieu,
 Que fa voix eft la voix de Dieu?

XXVII

LE LOUP ET LE CHASSEUR

Fureur d'accumuler, monftre de qui les yeux
Regardent comme un poinct tous les bienfaits des Dieux,
Te combatray-je en vain fans ceffe en cet ouvrage?
Quel temps demandes-tu pour fuivre mes leçons?
L'homme fourd à ma voix, comme à celle du fage,
Ne dira-t-il jamais, C'eft affez, joüiffons?
Hafte-toy, mon amy; Tu n'as pas tant à vivre.
Je te rebats ce mot; car il vaut tout un livre.
Joüis : Je le feray. Mais quand donc? dés demain.
Eh mon amy, la mort te peut prendre en chemin.

Joüis dés aujourd'huy : redoute un fort femblable
A celuy du Chaffeur & du Loup de ma fable.
Le premier de fon arc avoit mis bas un Daim.
Un Fan de Biche paffe, & le voila foudain
Compagnon du défunt; Tous deux gifent fur l'herbe.
La proye eftoit honnefte; un Dain avec un Fan,
Tout modefte Chaffeur en euft efté content :
Cependant un Sanglier, monftre enorme & fuperbe,
Tente encor noftre archer friand de tels morceaux.
Autre habitant du Styx : la Parque & fes cifeaux
Avec peine y mordoient; la Déeffe infernale
Reprit à plufieurs fois l'heure au monftre fatale.
De la force du coup pourtant il s'abattit.
C'eftoit affez de biens; mais quoy, rien ne remplit
Les vaftes appetits d'un faifeur de conqueftes.
Dans le temps que le Porc revient à foy, l'archer
Void le long d'un fillon une perdrix marcher,
  Surcroift chetif aux autres teftes.
De fon arc toutesfois il bande les refforts.
Le fanglier rappellant les reftes de fa vie,
Vient à luy, le découft, meurt vangé fur fon corps :
  Et la perdrix le remercie.
Cette part du recit s'adreffe au convoiteux,
L'avare aura pour luy le refte de l'exemple.
Un Loup vid en paffant ce fpectacle piteux.
O fortune, dit-il, je te promets un temple.
Quatre corps étendus! que de biens! mais pourtant
Il faut les mefnager, ces rencontres font rares.
  (Ainfi s'excufent les avares,)

J'en auray, dit le Loup, pour un mois, pour autant.
Un, deux, trois, quatre corps, ce font quatre fepmaines,
  Si je fçais compter, toutes pleines.
Commençons dans deux jours ; & mangeons cependant
La corde de cét arc ; il faut que l'on l'ait faite
De vray boyau ; l'odeur me le témoigne affez.
  En difant ces mots il fe jette
Sur l'arc qui fe détend, & fait de la fagette
Un nouveau mort, mon Loup a les boyaux percez.
Je reviens à mon texte : il faut que l'on joüiffe ;
Témoin ces deux gloutons punis d'un fort commun ;
  La convoitife perdit l'un ;
  L'autre périt par l'avarice.

LIVRE NEUVIÈME

I

LE DÉPOSITAIRE INFIDÈLE

Grace aux Filles de memoire
J'ay chanté des animaux :
Peut-eſtre d'autres Héros
M'auroient acquis moins de gloire.
Le Loup en langue des Dieux
Parle au Chien dans mes ouvrages.
Les Beſtes à qui mieux mieux
Y font divers perſonnages ;
Les uns fous, les autres ſages ;
De telle ſorte pourtant
Que les fous vont l'emportant ;
La meſure en eſt plus pleine.

Je mets auſſi ſur la Scene
Des Trompeurs, des Scelerats,
Des Tyrans, & des Ingrats,
Mainte imprudente pecore,
Force Sots, force Flateurs ;
Je pourrois y joindre encore
Des legions de menteurs.
Tout homme ment, dit le Sage.
S'il n'y mettoit ſeulement
Que les gens du bas eſtage,
On pourroit aucunement
Souffrir ce défaut aux hommes ;
Mais que tous tant que nous ſommes
Nous mentions, grand & petit,
Si quelque autre l'avoit dit,
Je ſoûtiendrois le contraire.
Et meſme qui mentiroit
Comme Éſope, & comme Homere,
Un vray menteur ne feroit.
Le doux charme de maint ſonge
Par leur bel art inventé,
Sous les habits du menſonge
Nous offre la verité.
L'un & l'autre a fait un livre
Que je tiens digne de vivre.
Sans fin, & plus s'il ſe peut :
Comme eux ne ment pas qui veut.
Mais mentir comme ſceut faire
Un certain Dépoſitaire

Payé par fon propre mot,
Eft d'un méchant, & d'un fot.
Voicy le fait. Un trafiquant de Perfe
Chez fon voifin, s'en allant en commerce,
Mit en dépoft un cent de fer un jour.
Mon fer, dit-il, quand il fut de retour.
Voftre fer? il n'eft plus : J'ay regret de vous dire,
Qu'un Rat l'a mangé tout entier.
J'en ay grondé mes gens : mais qu'y faire? un Grenier
A toûjours quelque trou. Le trafiquant admire
Un tel prodige, & feint de le croire pourtant.
Au bout de quelques jours il détourne l'enfant
Du perfide voifin; puis à fouper convie
Le pere qui s'excufe, & luy dit en pleurant;
Difpenfez-moy, je vous fupplie :
Tous plaifirs pour moy font perdus.
J'aimois un fils plus que ma vie;
Je n'ay que luy; que dif-je? helas! je ne l'ay plus.
On me l'a dérobé. Plaignez mon infortune.
Le Marchand repartit : Hier au foir fur la brune
Un Chat-huant s'en vint voftre fils enlever.
Vers un vieux baftiment je le luy vis porter.
Le pere dit : Comment voulez-vous que je croye
Qu'un Hibou pût jamais emporter cette proye?
Mon fils en un befoin euft pris le Chat-huant.
Je ne vous diray point, reprit l'autre, comment,
Mais enfin je l'ai veu, veu de mes yeux vous dif-je,
Et ne vois rien qui vous oblige
D'en douter un moment apres ce que je dis.

> Faut-il que vous trouviez eftrange
> Que les Chat-huans d'un pays
> Où le quintal de fer par un feul Rat fe mange,
> Enlevent un garçon pefant un demy cent?
> L'autre vid où tendoit cette feinte aventure.
> Il rendit le fer au Marchand
> Qui lui rendit fa géniture.
> Mefme difpute avint entre deux voyageurs.
> L'un d'eux eftoit de ces conteurs
> Qui n'ont jamais rien veu qu'avec un microfcope.
> Tout eft Geant chez eux : Ecoutez-les, l'Europe
> Comme l'Afrique aura des monftres à foifon.
> Celuy-cy fe croyoit l'hyperbole permife.
> J'ay veu, dit-il, un chou plus grand qu'une maifon.
> Et moy, dit l'autre, un pot auffi grand qu'une Eglife.
> Le premier fe mocquant, l'autre reprit : tout doux;
> On le fit pour cuire vos choux.
> L'homme au pot fut plaifant; l'homme au fer fut habile.
> Quand l'abfurde eft outré, l'on luy fait trop d'honneur
> De vouloir par raifon combattre fon erreur;
> Encherir eft plus court, fans s'échauffer la bile.

II

LES DEUX PIGEONS

Deux Pigeons s'aimoient d'amour tendre :
L'un d'eux s'ennuyant au logis
Fut affez fou pour entreprendre
Un voyage en loingtain pays.
L'autre luy dit : Qu'allez-vous faire?
Voulez-vous quitter voftre frere?
L'abfence eft le plus grand des maux :
Non pas pour vous, cruel : Au moins que les travaux
Les dangers, les foins du voyage,
Changent un peu voftre courage.

Encor fi la faifon s'avançoit davantage!
Attendez les zephirs : Qui vous preffe? un Corbeau
Tout à l'heure annonçoit malheur à quelque oifeau.
Je ne fongeray plus que rencontre funefte,
Que Faucons, que rezeaux. Helas, diray-je, il pleut :
   Mon frere a-t-il tout ce qu'il veut,
    Bon foupé, bon gifte, & le refte?
    Ce difcours ébranla le cœur
   De noftre imprudent voyageur :
Mais le defir de voir & l'humeur inquiete
L'emporterent enfin. Il dit : Ne pleurez point :
Trois jours au plus rendront mon ame fatisfaite :
Je reviendray dans peu compter de poinct en poinct .
    Mes aventures à mon frere.
Je le defennuiray : quiconque ne void guere
N'a guere à dire auffi. Mon voyage dépeint
    Vous fera d'un plaifir extrême.
Je diray : J'eftois-là; telle chofe m'avint,
    Vous y croirez eftre vous mefme.
A ces mots en pleurant ils fe dirent adieu.
Le voyageur s'éloigne; & voila qu'un nuage
L'oblige de chercher retraite en quelque lieu.
Un feul arbre s'offrit, tel encor que l'orage
Mal-traita le Pigeon en dépit du feüillage.
L'air devenu ferein il part tout morfondu,
Seche du mieux qu'il peut fon corps chargé de pluye,
Dans un champ à l'écart void du bled répandu,
Void un Pigeon auprès, cela luy donne envie :
Il y vole, il eft pris; ce bled couvroit d'un las

Les menteurs & traiſtres appas.
Le las eſtoit uſé; ſi bien que de ſon aiſle,
De ſes pieds, de ſon bec, l'oiſeau le rompt enfin :
Quelque plume y perit; & le pis du deſtin
Fut qu'un certain Vautour à la ſerre cruelle
Vid noſtre malheureux qui traiſnant la fiſcelle,
Et les morceaux du las qui l'avoit attrapé
  Sembloit un forçat échapé.
Le Vautour s'en alloit le lier, quand des nuës
Fond à ſon tour un Aigle aux aiſles étenduës.
Le Pigeon profita du conflit des voleurs,
S'envola, s'abatit auprés d'une mazure,
  Crut pour ce coup que ſes malheurs
  Finiroient par cette aventure :
Mais un fripon d'enfant, cet âge eſt ſans pitié,
Prit ſa fronde, & du coup tua plus d'amoitié
  La volatile malheureuſe,
  Qui maudiſſant ſa curioſité,
  Traiſnant l'aiſle, & tirant le pié,
  Demi-morte, & demi-boiteuſe,
  Droit au logis s'en retourna :
  Que bien que mal elle arriva,
  Sans autre aventure faſcheuſe.
Voila nos gens rejoints; & je laiſſe à juger
De combien de plaiſirs ils payerent leurs peines.
Amans, heureux amans, voulez-vous voyager?
  Que ce ſoit aux rives prochaines :
Soyez-vous l'un à l'autre un monde toûjours beau,
  Toûjours divers, toûjours nouveau;

Tenez-vous lieu de tout, comptez pour rien le refte;
J'ay quelquefois aimé; je n'aurois pas alors,
   Contre le Louvre & fes trefors,
Contre le firmament & fa voute celefte,
   Changé les bois, changé les lieux,
Honorez par les pas, éclairez par les yeux
   De l'aimable & jeune bergere,
   Pour qui fous le fils de Cythere
Je fervis engagé par mes premiers fermens.
Helas! quand reviendront de femblables momens?
Faut-il que tant d'objets fi doux & fi charmans
Me laiffent vivre au gré de mon ame inquiete?
Ah fi mon cœur ofoit encor fe renflâmer!
Ne fentiray-je plus de charme qui m'arrefte?
   Ay-je paffé le temps d'aimer?

III

LE SINGE ET LE LEOPARD

Le Singe avec le Leopard
    Gagnoient de l'argent à la foire :
    Ils affichoient chacun à part.
L'un d'eux difoit : Meffieurs, mon merite & ma gloire
Sont connus en bon lieu; le Roy m'a voulu voir;
    Et fi je meurs il veut avoir
Un manchon de ma peau; tant elle eft bigarrée,
    Pleine de taches, marquetée,
    Et vergetée, & mouchetée.
La bigarrure plaift; partant chacun le vid.
Mais ce fut bien-toft fait, bien-toft chacun fortit.
Le Singe de fa part difoit : Venez de grace,

Venez Meſſieurs; Je fais cent tours de paſſe-paſſe.
Cette diverſité dont on vous parle tant,
Mon voiſin Leopard l'a ſur ſoy ſeulement;
Moy je l'ay dans l'eſprit : voſtre ſerviteur Gille,
   Couſin & gendre de Bertrand,
   Singe du Pape en ſon vivant,
   Tout fraîchement en cette ville
Arrive en trois baſteaux, exprés pour vous parler;
Car il parle, on l'entend, il ſçait danſer, baler,
   Faire des tours de toute ſorte,
Paſſer en des cerceaux; & le tout pour ſix blancs :
Non Meſſieurs, pour un ſou; ſi vous n'êtes contens
Nous rendrons à chacun ſon argent à la porte.
Le Singe avoit raiſon; ce n'eſt pas ſur l'habit
Que la diverſité me plaiſt, c'eſt dans l'eſprit :
L'une fournit toûjours des choſes agreables;
L'autre en moins d'un moment laſſe les regardans.
O que de grands Seigneurs au Leopard ſemblables,
   N'ont que l'habit pour tous talens !

IV

LE GLAN ET LA CITROUILLE

Dieu fait bien ce qu'il fait. Sans en chercher la preuve
En tout cet Univers, & l'aller parcourant,
  Dans les Citroüilles je la treuve.
  Un villageois confiderant
Combien ce fruit eft gros, & fa tige menuë,
A quoy fongeoit, dit-il, l'Auteur de tout cela?
Il a bien mal placé cette Citroüille-là :
  Hé parbleu, je l'aurois penduë
  A l'un des chênes que voilà.
  C'euft efté juftement l'affaire;
  Tel fruit, tel arbre, pour bien faire.
C'eft dommage, Garo, que tu n'és point entré

Au confeil de celuy que prêche ton Curé;
Tout en euſt eſté mieux : car pourquoy par exemple
Le Glan, qui n'eſt pas gros comme mon petit doigt,
   Ne pend-il pas en cet endroit?
   Dieu s'eſt mépris; plus je contemple
Ces fruits ainſi placez, plus il ſemble à Garo
   Que l'on a fait un quiproquo.
Cette reflexion embaraſſant nôtre homme;
On ne dort point, dit-il, quand on a tant d'eſprit.
Sous un chêne auſſi-toſt il va prendre ſon ſomme.
Un Glan tombe; le nez du dormeur en patit.
Il s'éveille; & portant la main ſur ſon viſage,
Il trouve encor le Glan pris au poil du menton.
Son nez meurtri le force à changer de langage;
Oh, oh, dit-il, je ſaigne! & que feroit-ce donc
S'il fut tombé de l'arbre une maſſe plus lourde,
   Et que ce Glan euſt eſté gourde?
Dieu ne l'a pas voulu : ſans doute il eut raiſon;
   J'en vois bien à preſent la cauſe.
   En loüant Dieu de toute choſe
   Garo retourne à la maiſon.

V

L'ECOLIER, LE PEDANT ET LE MAISTRE
D'UN IARDIN

Certain enfant qui fentoit fon College,
Doublement fot, & doublement fripon,
Par le jeune âge, & par le privilege
Qu'ont les Pedans de gafter la raifon,
Chez un voifin déroboit, ce dit-on,
Et fleurs & fruits. Ce voifin en Automne
Des plus beaux dons que nous offre Pomone
Avoit la fleur, les autres le rebut.
Chaque faifon apportoit fon tribut :
Car au Printemps il joüiffoit encore
Des plus beaux dons que nous prefente Flore.
Un jour dans fon jardin il vid noftre Ecolier,
Qui grimpant fans égard fur un arbre fruitier,

Gaftoit jufqu'aux boutons; douce & frefle efperance,
Avant-coureurs des biens que promet l'abondance.
Mefme il ébranchoit l'arbre, & fit tant à la fin
   Que le poffeffeur du jardin
Envoya faire plainte au maiftre de la Claffe.
Celuy-cy vint fuivy d'un cortege d'enfans.
   Voila le verger plein de gens
Pires que le premier. Le Pedant de fa grace
   Accrut le mal en amenant
   Cette jeuneffe mal-inftruite :
Le tout, à ce qu'il dit, pour faire un chaftiment
Qui pûft fervir d'exemple; & dont toute fa fuite
Se fouvinft à jamais comme d'une leçon.
Là-deffus il cita Virgile et Ciceron,
  Avec force traits de fcience.
Son difcours dura tant que la maudite engeance
Eut le temps de gâter en cent lieux le jardin.
   Je hais les pieces d'eloquence
  Hors de leur place, & qui n'ont point de fin;
   Et ne fçais befte au monde pire
   Que l'Ecolier, fi ce n'eft le Pedant.
Le meilleur de ces deux pour voifin, à vray dire,
   Ne me plairoit aucunement.

VI

LE STATUAIRE ET LA STATUË DE IUPITER

Vn bloc de marbre eſtoit ſi beau
Qu'un Statuaire en fit l'emplette.
Qu'en fera, dit-il, mon cizeau ?
Sera-t'il Dieu, table, ou cuvette ?

Il fera Dieu : meſme je veux
Qu'il ait en ſa main un tonnerre.
Tremblez humains ; Faites des vœux ;
Voila le maiſtre de la terre.

L'artifan exprima fi bien
Le caractère de l'Idole,
Qu'on trouva qu'il ne manquoit rien
A Jupiter que la parole.

Mefme l'on dit que l'ouvrier
Eut à peine achevé l'image,
Qu'on le vid frémir le premier,
Et redouter fon propre ouvrage.

A la foibleffe du Sculpteur
Le Poëte autrefois n'en dut guere,
Des Dieux dont il fut l'inventeur
Craignant la haine & la colere.

Il eftoit enfant en cecy :
Les enfans n'ont l'ame occupée
Que du continuel foucy
Qu'on ne fâche point leur poupée.

Le cœur fuit aifément l'efprit :
De cette fource eft defcenduë
L'erreur payenne qui fe vid
Chez tant de peuples répanduë.

Ils embraffoient violemment
Les interefts de leur chimere.
Pigmalion devint amant
De la Venus dont il fut pere.

Chacun tourne en realitez
Autant qu'il peut fes propres fonges :
L'homme eft de glace aux veritez,
Il eft de feu pour les menfonges.

VII

LA SOURIS METAMORPHOSEE EN FILLE

Une Souris tomba du bec d'un Chat-huant :
　　　Je ne l'euffe pas ramaffée;
Mais un Bramin le fit; je le crois aifément;
　　　Chaque pays a fa penfée.
　　　La Souris eftoit fort froiffée :
　　　De cette forte de prochain
Nous nous foucions peu : mais le peuple Bramin
　　　Le traite en frere; ils ont en tefte
　　　Que noftre ame au fortir d'un Roy
Entre dans un ciron, ou dans telle autre befte
Qu'il plaift au fort; C'eft-là l'un des points de leur loy.
Pythagore chez eux a puifé ce myftere.

Sur un tel fondement le Bramin crut bien faire
De prier un Sorcier qu'il logeaft la Souris
Dans un corps qu'elle euft eu pour hofte au temps jadis.
  Le Sorcier en fit une fille
De l'âge de quinze ans, & telle, & fi gentille,
Que le fils de Priam pour elle auroit tenté
Plus encor qu'il ne fit pour la grecque beauté.
Le Bramin fut furpris de chofe fi nouvelle.
  Il dit à cet objet fi doux :
Vous n'avez qu'à choifir ; car chacun eft jaloux
  De l'honneur d'eftre voftre époux.
  En ce cas je donne, dit-elle,
  Ma voix au plus puiffant de tous.
Soleil, s'écria lors le Bramin à genoux ;
  C'eft toy qui feras noftre gendre.
  Non, dit-il, ce nuage épais
Eft plus puiffant que moy, puis qu'il cache mes traits ;
  Je vous confeille de le prendre.
Et bien, dit le Bramin au nuage volant,
Es-tu né pour ma fille ? helas non ; car le vent
Me chaffe à fon plaifir de contrée en contrée ;
Je n'entreprendray point fur les droits de Borée.
  Le Bramin fâché s'écria :
  O vent, donc, puis que vent y a,
  Vien dans les bras de noftre belle.
Il accouroit : un mont en chemin l'arrefta.
  L'étœuf paffant à celuy-là,
Il le renvoye, & dit : J'aurois une querelle
  Avec le Rat, et l'offenfer

Ce feroit eftre fou, luy qui peut me percer.
   Au mot de Rat la Damoifelle
   Ouvrit l'oreille; il fut l'époux :
   Un Rat! un Rat; c'eft de ces coups
   Qu'amour fait, témoin telle & telle :
   Mais cecy foit dit entre-nous.
On tient toûjours du lieu dont on vient : Cette Fable
Prouve affez bien ce poinct : mais à la voir de prés
Quelque peu de fophifme entre parmy fes traits :
Car quel époux n'eft point au Soleil préferable
En s'y prenant ainfi? diray-je qu'un geant
Eft moins fort qu'une puce? Elle le mord pourtant.
Le Rat devoit auffi renvoyer pour bien faire
   La belle au chat, le chat au chien,
   Le chien au Loup. Par le moyen
   De cet argument circulaire
Pilpay jufqu'au Soleil euft enfin remonté;
Le Soleil euft joüy de la jeune beauté.
Revenons s'il fe peut à la metempficofe :
Le Sorcier du Bramin fit fans doute une chofe
Qui loin de la prouver fait voir fa fauffeté.
Je prends droit là deffus contre le Bramin mefme;
   Car il faut felon fon fiftême
Que l'homme, la fouris, le ver, enfin chacun
Aille puifer fon ame en un trefor commun :
   Toutes font donc de mefme trempe;
   Mais agiffant diverfement
   Selon l'organe feulement
   L'une s'élève et l'autre rempe.

D'où vient donc que ce corps fi bien organifé
      Ne pût obliger fon hofteffe
De s'unir au Soleil, un Rat eut fa tendreffe?
      Tout débatu, tout bien pefé,
Les ames des Souris & les ames des belles
      Sont tres-differentes entre elles,
Il en faut revenir toujours à fon deftin,
C'eft à dire à la loy par le Ciel établie.
   Parlez au diable, employez la magie,
Vous ne détournerez nul eftre de fa fin.

VIII

LE FOU QUI VEND LA SAGESSE

Iamais auprés des fous ne te mets à portée.
Je ne te puis donner un plus fage confeil.
  Il n'eft enfeignement pareil
A celuy-là de fuir une tefte eventée.
   On en void fouvent dans les cours.
Le Prince y prend plaifir; car ils donnent toûjours
Quelque trait aux fripons, aux fots, aux ridicules.
Un fol alloit criant par tous les carrefours
Qu'il vendoit la Sageffe; & les mortels credules
De courir à l'achapt, chacun fut diligent.
   On effuyoit force grimaces;
   Puis on avoit pour fon argent

Avec un bon foufflet un fil long de deux braffes.
La plufpart s'en fâchoient; mais que leur fervoit-il?
C'eftoient les plus moquez; le mieux eftoit de rire,
            Ou de s'en aller fans rien dire
            Avec fon foufflet & fon fil.
        De chercher du fens à la chofe,
On fe fuft fait fifler ainfi qu'un ignorant.
        La raifon eft-elle garant
De ce que fait un fou? le hazard eft la caufe
De tout ce qui fe paffe en un cerveau bleffé.
Du fil & du foufflet pourtant embaraffé
Un des dupes un jour alla trouver un fage,
        Qui fans hefiter davantage
Luy dit : Ce font icy jerogliphes tout purs.
Les gens bien confeillez, & qui voudront bien faire,
Entre eux & les gens fous mettront pour l'ordinaire
La longueur de ce fil; finon je les tiens furs
        De quelque femblable careffe.
Vous n'eftes point trompé; ce fou vend la fageffe.

IX

L'HUITRE, ET LES PLAIDEURS

Un jour deux Pelerins fur le fable rencontrent
Une Huitre que le flot y venoit d'apporter :
Ils l'avalent des yeux, du doigt ils fe la montrent;
A l'égard de la dent il falut contefter.
L'un fe baiffoit déja pour amaffer la proye;
L'autre le pouffe, & dit : Il eft bon de fçavoir
  Qui de nous en aura la joye.
Celuy qui le premier a pû l'appercevoir
En fera le gobeur; l'autre le verra faire.
  Si par-là l'on juge l'affaire,
Reprit fon compagnon, j'ay l'œil bon, Dieu mercy.
  Je ne l'ay pas mauvais auffi,

Dit l'autre, & je l'ay veuë avant vous fur ma vie.
Et bien, vous l'avez veuë, & moy je l'ay fentie.
      Pendant tout ce bel incident
Perrin Dandin arrive : ils le prennent pour juge.
Perrin fort gravement ouvre l'Huitre, & la gruge,
      Nos deux Meffieurs le regardant.
Ce repas fait, il dit d'un ton de Prefident :
Tenez, la Cour vous donne à chacun une écaille
Sans dépens, & qu'en paix chacun chez-foy s'en aille.
Mettez ce qu'il en coûte à plaider aujourd'huy;
Comptez ce qu'il en refte à beaucoup de familles;
Vous verrez que Perrin tire l'argent à luy,
Et ne laiffe aux plaideurs que le sac & les quilles.

X

LE LOUP, ET LE CHIEN MAIGRE

Autrefois Carpillon fretin
 Eut beau prêcher, il eut beau dire;
 On le mit dans la poëlle à frire.
Je fis voir que lâcher ce qu'on a dans la main
 Sous espoir de grosse avanture,
 Est imprudence toute pure.
Le Pêcheur eut raison; Carpillon n'eut pas tort.
Chacun dit ce qu'il peut pour défendre sa vie.
 Maintenant il faut que j'appuye
Ce que j'avançay lors, de quelque trait encor.
Certain Loup aussi sot que le pêcheur fut sage,
 Trouvant un Chien hors du village,

S'en alloit l'emporter ; le Chien reprefenta
Sa maigreur. Jà ne plaife à voftre feigneurie,
  De me prendre en cet eftat-là,
  Attendez, mon maiftre marie
  Sa fille unique ; Et vous jugez
Qu'eftant de nopce il faut mal-gré moy que j'engraiffe.
  Le Loup le croit, le Loup le laiffe ;
  Le Loup quelques jours écoulez
Revient voir fi fon Chien n'eft point meilleur à prendre.
  Mais le drôle eftoit au logis.
  Il dit au Loup par un treillis :
Amy, je vais fortir ; Et, fi tu veux attendre,
  Le portier du logis & moy
  Nous ferons tout à l'heure à toy.
Ce portier du logis eftoit un Chien énorme,
  Expediant les Loups en forme.
Celuy-cy s'en douta. Serviteur au portier,
Dit-il, & de courir. Il eftoit fort agile ;
  Mais il n'eftoit pas fort habile ;
Ce Loup ne fçavoit pas encor bien fon métier.

XI

RIEN DE TROP

Je ne vois point de creature
Se comporter modérement.
Il eſt certain temperament
Que le maiſtre de la nature
Veut que l'on garde en tout. Le fait-on? Nullement.
Soit en bien, ſoit en mal, cela n'arrive guere.
Le blé riche preſent de la blonde Cerés
Trop touffu bien ſouvent épuiſe les guerets :
En ſuperfluitez s'épandant d'ordinaire,
   Et pouſſant trop abondamment,
    Il oſte à ſon fruit l'aliment.
L'arbre n'en fait pas moins; tant le luxe ſçait plaire.

Pour corriger le blé Dieu permit aux moutons
De retrancher l'excés des prodigues moiſſons.
　　　Tout au travers ils ſe jetterent,
　　　Gaſterent tout, & tout brouterent;
　　　Tant que le Ciel permit aux Loups
D'en croquer quelques-uns; ils les croquerent tous.
S'ils ne le firent pas, du moins ils y tâcherent.
　　　Puis le Ciel permit aux humains
De punir ces derniers : les humains abuſerent
　　　A leur tour des ordres divins.
De tous les animaux l'homme a le plus de pente
　　　A ſe porter dedans l'excés.
　　　Il faudroit faire le procés
Aux petits comme aux grands : Il n'eſt ame vivante
Qui ne peche en cecy. Rien de trop, eſt un point
Dont on parle ſans ceſſe, & qu'on n'obſerve point.

XII

LE CIERGE

C'eſt du ſejour des Dieux que les Abeilles viennent.
Les premieres, dit-on, s'en allerent loger
    Au mont Hymette¹, & ſe gorger
Des treſors qu'en ce lieu les zephirs entretiennent.
Quand on eut des palais de ces filles du Ciel
Enlevé l'ambroiſie en leurs chambres encloſe :
    Ou, pour dire en François la choſe,
    Apres que les ruches ſans miel

---

1. Hymette eſtoit une montagne celebrée par les Poëtes, ſituée dans l'Attique, & où les Grecs recüeilloient d'excellent miel.

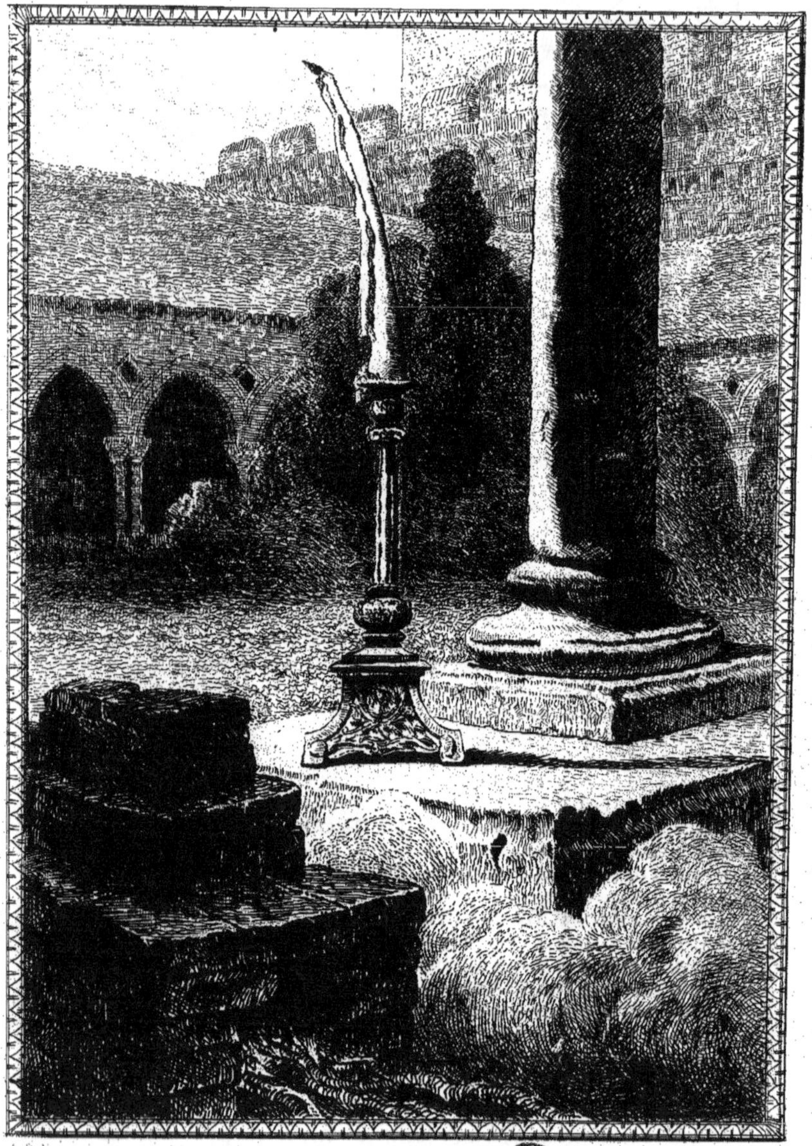

A. Delierre sc. Imp. A. Quantin

N'eurent plus que la Cire, on fit mainte bougie :
>Maint Cierge auffi fut façonné.

Un d'eux voyant la terre en brique au feu durcie
Vaincre l'effort des ans, il eut la mefme envie;
Et nouvel Empedocle¹ aux flâmes condamné
>Par fa propre & pure folie,

Il fe lança dedans. Ce fut mal raifonné;
Ce Cierge ne fçavoit grain de Philofophie.
Tout en tout eft divers : oftez-vous de l'efprit
Qu'aucun eftre ait efté compofé fur le voftre.
L'Empedocle de Cire au brafier fe fondit :
>Il n'eftoit pas plus fou que l'autre.

1. Empedocle eftoit un Philofophe ancien, qui ne pouvant comprendre les merveilles du Mont Etna, fe jetta dedans par une vanité ridicule, & trouvant l'action belle, de peur d'en perdre le fruit, & que la pofterité ne l'ignorât, laiffa fes pantoufles au pied du Mont.

XIII

JUPITER ET LE PASSAGER

O combien le peril enrichiroit les Dieux,
Si nous nous fouvenions des vœux qu'il nous fait faire!
Mais le peril paffé l'on ne fe fouvient guere
      De ce qu'on a promis aux Cieux;
On compte feulement ce qu'on doit à la terre.
Jupiter, dit l'impie, eft un bon créancier :
      Il ne fe fert jamais d'huiffier.
      Eh qu'eft-ce donc que le tonnerre?
Comment appellez-vous ces avertiffemens?
      Un Paffager pendant l'orage

Avoit voüé cent Bœufs au vainqueur des Titans.
Il n'en avoit pas un : voüer cent Elephans
        N'auroit pas coûté davantage.
Il brûla quelques os quand il fut au rivage.
Au nez de Jupiter la fumée en monta.
Sire Jupin, dit-il, pren mon vœu; le voila :
C'eſt un parfum de Bœuf que ta grandeur reſpire.
La fumée eſt ta part; je ne te dois plus rien.
        Jupiter fit ſemblant de rire :
Mais apres quelques jours le Dieu l'attrapa bien,
        Envoyant un ſonge luy dire,
Qu'un tel treſor eſtoit en tel lieu : L'homme au vœu
        Courut au treſor comme au feu.
Il trouva des voleurs, & n'ayant dans ſa bourſe
        Qu'un écu pour toute reſſource,
        Il leur promit cent talens d'or,
        Bien comptez & d'un tel treſor.
On l'avoit enterré dedans telle Bourgade.
L'endroit parut ſuſpect aux voleurs; de façon
Qu'à noſtre prometteur l'un dit : Mon camarade
Tu te moques de nous, meurs, & va chez Pluton
        Porter tes cent talens en don.

XIV

LE CHAT ET LE RENARD

Le Chat & le Renard comme beaux petits faints,
  S'en alloient en pelerinage.
C'eſtoient deux vrais Tartufs, deux archipatelins,
Deux francs Pate-pelus qui des frais du voyage,
Croquant mainte volaille, eſcroquant maint fromage,
  S'indemniſoient à qui mieux mieux.
Le chemin étant long, & partant ennuyeux,
  Pour l'accourcir ils diſputerent.
  La diſpute eſt d'un grand ſecours;
  Sans elle on dormiroit toûjours.
  Nos Pelerins s'égoſillerent.
Ayant bien diſputé l'on parla du prochain.
  Le Renard au Chat dit enfin :
  Tu pretends eſtre fort habile :

A. Delierre sc. Imp. A. Quantin

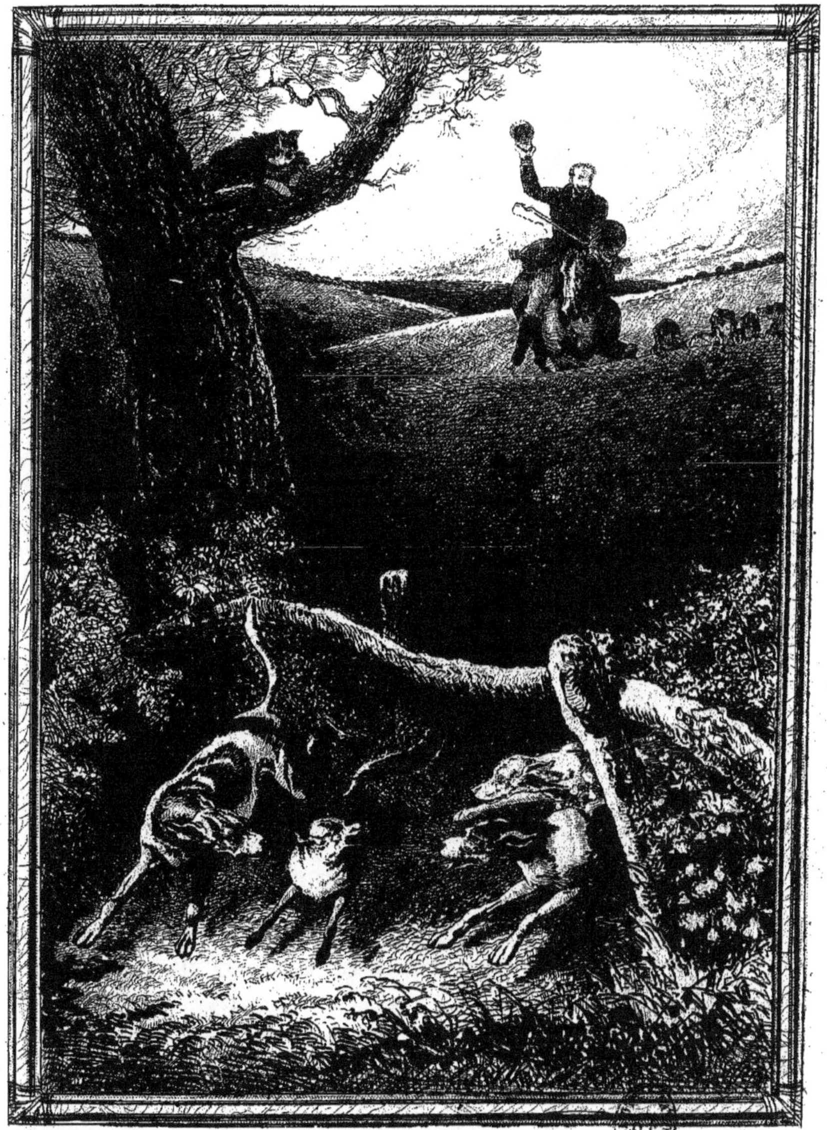

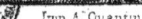

En fçais-tu tant que moy? J'ay cent rufes au fac.
Non, dit l'autre; je n'ay qu'un tour dans mon biffac,
  Mais je foûtiens qu'il en vaut mille.
Eux de recommencer la difpute à l'envy.
Sur le que fi, que non tous deux eftant ainfi,
  Une meute appaifa la noife.
Le Chat dit au Renard : Foüille en ton fac amy :
  Cherche en ta cervelle matoife
Un ftratagême feur : Pour moy, voicy le mien.
A ces mots fur un arbre il grimpa bel & bien.
  L'autre fit cent tours inutiles,
Entra dans cent terriers, mit cent fois en defaut
  Tous les confreres de Brifaut.
  Par tout il tenta des aziles;
  Et ce fut par tout fans fuccés;
La fumée y pourveut ainfi que les baffets.
Au fortir d'un Terrier deux chiens aux pieds agiles
  L'étranglerent du premier bond.
Le trop d'expediens peut gafter une affaire;
On perd du temps au choix, on tente, on veut tout faire.
  N'en ayons qu'un, mais qu'il foit bon.

XV

LE MARY, LA FEMME ET LE VOLEUR

Un Mary fort amoureux,
Fort amoureux de fa femme,
Bien qu'il fût joüiffant fe croioit malheureux.
 Jamais œillade de la Dame,
 Propos flateur & gracieux,
 Mot d'amitié, ny doux foûrire,
 Deïfiant le pauvre Sire,
N'avoient fait foupçonner qu'il fuft vrayment chery;
 Je le crois, c'eftoit un mary.
 Il ne tint point à l'hymenée
 Que content de fa deftinée
 Il n'en remerciaft les Dieux;
 Mais quoy? Si l'amour n'affaifonne
 Les plaifirs que l'hymen nous donne,
 Je ne vois pas qu'on en foit mieux.

Noſtre épouſe eſtant donc de la ſorte bâtie,
Et n'ayant careſſé ſon mary de ſa vie,
Il en faiſoit ſa plainte une nuit. Un voleur
   Interrompit la doleance.
    La pauvre femme eut ſi grand'peur,
    Qu'elle chercha quelque aſſurance
   Entre les bras de ſon époux.
Amy Voleur, dit-il, ſans toi ce bien ſi doux
Me ſeroit inconnu; Pren donc en recompenſe
Tout ce qui peut chez-nous eſtre à ta bien-ſeance :
Pren le logis auſſi. Les voleurs ne ſont pas
   Gens honteux ny fort delicats :
Celuy-cy fit ſa main. J'infere de ce conte
   Que la plus forte paſſion
C'eſt la peur; elle fait vaincre l'averſion;
Et l'amour quelquefois; quelquefois il la dompte :
   J'en ay pour preuve cet amant,
Qui brûla ſa maiſon pour embraſſer ſa Dame,
   L'emportant à travers la flame :
   J'aime aſſez cet emportement :
Le conte m'en a plû toûjours infiniment :
   Il eſt bien d'une ame Eſpagnole,
   Et plus grande encore que folle.

XVI

LE TRESOR, ET LES DEUX HOMMES

Un homme n'ayant plus ny credit, ny refource,
 Et logeant le Diable en fa bourfe,
  C'eft à dire, n'y logeant rien,
  S'imagina qu'il feroit bien
De fe pendre, & finir luy-même fa mifere;
Puis qu'auffi bien fans luy la faim le viendroit faire,

Genre de mort qui ne duit pas
A gens peu curieux de goufter le trépas.
Dans cette intention une vieille mazure
Fut la fcene où devoit fe paffer l'aventure.
Il y porte une corde; & veut avec un clou
Au haut d'un certain mur attacher le licou.
La muraille vieille & peu forte,
S'ébranle aux premiers coups, tombe avec un trefor.
Noftre défefperé le ramaffe, & l'emporte;
Laiffe-là le licou; s'en retourne avec l'or;
Sans compter : ronde ou non, la fomme plût au fire.
Tandis que le galant à grands pas fe retire,
L'homme au trefor arrive & trouve fon argent
Abfent.
Quoy, dit-il, fans mourir je perdray cette fomme?
Je ne me pendray pas? & vraiment fi feray,
Ou de corde je manqueray.
Le lacs eftoit tout preft, il n'y manquoit qu'un homme.
Celuy-cy fe l'attache, & fe pend bien & beau.
Ce qui le confola peut-eftre,
Fut qu'un autre eût pour luy fait les frais du cordeau.
Auffi-bien que l'argent le licou trouva maître.

L'avare rarement finit fes jours fans pleurs :
Il a le moins de part au trefor qu'il enferre,
Thefaurizant pour les voleurs,
Pour fes parents, ou pour la terre.
Mais que dire du troc que la fortune fit?
Ce font-là de fes traits; elle s'en divertit.

Plus le tour eſt bizarre, & plus elle eſt contente.
>Cette Deeſſe inconſtante
>Se mit alors en l'eſprit
>De voir un homme ſe pendre;
>Et celuy qui ſe pendit
>S'y devoit le moins attendre.

XVII

LE SINGE, ET LE CHAT

Bertrand avec Raton, l'un Singe, & l'autre Chat,
Commenſaux d'un logis, avoient un commun Maiſtre.
D'animaux mal-faiſans c'eſtoit un tres-bon plat;
Ils n'y craignoient tous deux aucun, quel qu'il puſt eſtre.
Trouvoit on quelque choſe au logis de gaſté?
L'on ne s'en prenoit point aux gens du voiſinage.
Bertrand déroboit tout; Raton de ſon coſté
Eſtoit moins attentif aux ſouris qu'au fromage.
Un jour au coin du feu nos deux maiſtres fripons
      Regardoient roſtir des marons;
Les eſcroquer eſtoit une tres-bonne affaire :
Nos galands y voyoient double profit à faire,

Leur bien premierement, & puis le mal d'autruy.
Bertrand dit à Raton : Frere, il faut aujourd'huy
 Que tu faſſes un coup de maiſtre.
Tire-moy ces marons; Si Dieu m'avoit fait naiſtre
 Propre à tirer marons du feu,
 Certes marons verroient beau-jeu.
Auſſi-toſt fait, que dit : Raton avec ſa pate
 D'une maniere delicate
Ecarte un peu la cendre, & retire les doigts;
 Puis les reporte à pluſieurs fois;
Tire un maron, puis deux, & puis trois en excroque,
 Et cependant Bertrand les croque.
Une ſervante vient : adieu mes gens : Raton
 N'eſtoit pas content, ce dit-on.
Auſſi ne le font pas la pluſpart de ces Princes
 Qui flatez d'un pareil employ
 Vont s'échauder en des Provinces,
 Pour le profit de quelque Roy.

XVIII

LE MILAN ET LE ROSSIGNOL

Après que le Milan, manifeste voleur,
Eût répandu l'alarme en tout le voisinage,
Et fait crier sur luy les enfans du village,
Un Rossignol tomba dans ses mains, par malheur.
Le heraut du Printemps luy demande la vie.
Aussi bien que manger en qui n'a que le son?
   Ecoûtez plûtost ma chanson ;
Je vous raconteray Terée & son envie.

Qui, Terée? eſt-ce un mets propre pour les Milans?
Non pas, c'étoit un Roy dont les feux violens
Me firent reſſentir leur ardeur criminelle :
Je m'en vais vous en dire une chanſon ſi belle
Qu'elle vous ravira : mon chant plaiſt à chacun.
   Le Milan alors luy replique :
Vraiment nous voicy bien, lors que je ſuis à jeun,
   Tu me viens parler de muſique.
J'en parle bien aux Rois : Quand un Roy te prendra,
   Tu peux luy conter ces merveilles :
   Pour un Milan, il s'en rira :
   Ventre affamé n'a point d'oreilles.

XIX

LE BERGER ET SON TROUPEAU

Quoy toûjours il me manquera
Quelqu'un de ce peuple imbecille!
Toûjours le Loup m'en gobera!
J'auray beau les compter : ils eſtoient plus de mille,
Et m'ont laiſſé ravir noſtre pauvre Robin;
Robin mouton qui par la ville
Me fuivoit pour un peu de pain,
Et qui m'auroit fuivy juſques au bout du monde.
Helas! de ma muſette il entendoit le ſon :
Il me ſentoit venir de cent pas à la ronde.
Ah le pauvre Robin mouton!
Quand Guillot eut finy cette oraiſon funebre,

Et rendu de Robin la memoire celebre,
Il harangua tout le troupeau,
Les chefs, la multitude, & jufqu'au moindre agneau,
Les conjurant de tenir ferme :
Cela feul fuffiroit pour écarter les Loups.
Foy de peuple d'honneur ils luy promirent tous,
De ne bouger non plus qu'un terme.
Nous voulons, dirent-ils, étouffer le glouton,
Qui nous a pris Robin mouton.
Chacun en répond fur fa tefte.
Guillot les crut & leur fit fefte.
Cependant devant qu'il fuft nuit,
Il arriva nouvel encombre.
Un Loup parut, tout le troupeau s'enfuit.
Ce n'eftoit pas un Loup, ce n'en eftoit que l'ombre.
Haranguez de méchans foldats,
Ils promettront de faire rage;
Mais au moindre danger adieu tout leur courage :
Voftre exemple & vos cris ne les retiendront pas.

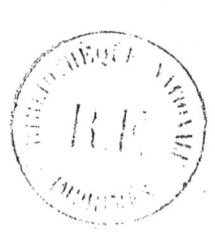

LIVRE DIXIÈME

DISCOURS

A MADAME DE LA SABLIERE

Iris, je vous loüerois ; il n'eſt que trop aiſé ;
Mais vous avez cent fois nôtre encens refuſé ;
En cela peu ſemblable au reſte des mortelles
Qui veulent tous les jours des loüanges nouvelles.
Pas une ne s'endort à ce bruit ſi flateur.
Je ne les blâme point, je ſouffre cette humeur ;
Elle eſt commune aux Dieux, aux Monarques, aux belles.
Ce breuvage vanté par le peuple rimeur,
Le Nectar que l'on ſert au maiſtre du Tonnerre,
Et dont nous enyvrons tous les Dieux de la terre,

C'eſt la loüange, Iris; Vous ne la gouſtez point;
D'autres propos chez vous recompenſent ce point;
   Propos, agreables commerces,
Où le hazard fournit cent matieres diverſes :
  Juſque-là qu'en voſtre entretien
La bagatelle a part : le monde n'en croit rien.
   Laiſſons le monde, & ſa croyance :
   La bagatelle, la ſcience,
Les chimeres, le rien, tout eſt bon : Je ſoûtiens
   Qu'il faut de tout aux entretiens :
 C'eſt un parterre, où Flore épand ſes biens;
Sur differentes fleurs l'Abeille s'y repoſe,
   Et fait du miel de toute choſe.
Ce fondement poſé ne trouvez pas mauvais,
Qu'en ces Fables auſſi j'entremêle des traits
   De certaine Philoſophie
   Subtile, engageante, & hardie.
On l'appelle nouvelle. En avez-vous ou non
   Oüy parler? Ils diſent donc
   Que la beſte eſt une machine;
Qu'en elle tout ſe fait ſans choix & par reſſorts :
Nul ſentiment, point d'ame, en elle tout eſt corps.
   Telle eſt la monſtre qui chemine,
A pas toûjours égaux, aveugle & ſans deſſein.
   Ouvrez-la, liſez dans ſon ſein;
Mainte roüe y tient lieu de tout l'eſprit du monde.
   La premiere y meut la ſeconde,
Une troiſiéme ſuit, elle ſonne à la fin.
Au dire de ces gens, la beſte eſt toute telle :

L'objet la frape en un endroit ;
Ce lieu frapé s'en va tout droit
Selon nous au voifin en porter la nouvelle ;
Le fens de proche en proche auffi-toft la reçoit.
L'impreffion fe fait, mais comment fe fait-elle ?
Selon eux par neceffité,
Sans paffion, fans volonté :
L'animal fe fent agité
De mouvemens que le vulgaire appelle
Trifteffe, joye, amour, plaifir, douleur cruelle,
Ou quelque autre de ces eftats ;
Mais ce n'eft point cela ; ne vous y trompez pas.
Qu'eft-ce donc ? une monftre ; & nous ? c'eft autre chofe.
Voicy de la façon que Defcartes l'expofe ;
Defcartes ce mortel dont on euft fait un Dieu
Chez les Payens, & qui tient le milieu
Entre l'homme & l'efprit, comme entre l'huiftre & l'homme
Le tient tel de nos gens, franche befte de fomme.
Voicy, dis-je, comment raifonne cet Auteur.
Sur tous les animaux enfans du Createur,
J'ay le don de penfer, & je fçais que je penfe.
Or vous fçavez Iris de certaine fcience,
Que quand la befte penferoit,
La Befte ne refléchiroit
Sur l'objet, ny fur fa penfée.
Defcartes va plus loin, & foûtient nettement,
Qu'elle ne penfe nullement.
Vous n'eftes point embaraffée
De le croire, ny moy. Cependant quand aux bois

Le bruit des cors, celuy des voix
N'a donné nul relâche à la fuyante proye,
 Qu'envain elle a mis fes efforts
 A confondre, & broüiller la voye,
L'animal chargé d'ans, vieux Cerf, & de dix cors,
En fuppofe un plus jeune, & l'oblige par force,
A prefenter aux chiens une nouvelle amorce.
Que de raifonnemens pour conferver fes jours!
Le retour fur fes pas, les malices, les tours,
 Et le change, & cent ftratagêmes
Dignes des plus grands chefs, dignes d'un meilleur fort!
 On le déchire apres fa mort;
 Ce font tous fes honneurs fuprêmes.

 Quand la Perdrix
 Void fes petits
En danger, & n'ayant qu'une plume nouvelle,
Qui ne peut fuïr encor par les airs le trépas ;
Elle fait la bleffée, & va traifnant de l'aifle,
Attirant le Chaffeur, & le Chien fur fes pas,
Détourne le danger, fauve ainfi fa famille ;
Et puis quand le Chaffeur croit que fon Chien la pille,
Elle luy dit adieu, prend fa volée, & rit
De l'homme, qui confus des yeux en vain la fuit.

 Non loin du Nort il eft un monde,
 Où l'on fçait que les habitans
 Vivent ainfi qu'aux premiers temps
 Dans une ignorance profonde :

Je parle des humains; car quant aux animaux,
  Ils y conftruifent des travaux,
Qui des torrens groffis arreftent le ravage,
Et font communiquer l'un & l'autre rivage.
L'edifice refifte, & dure en fon entier;
Apres un lit de bois, eft un lit de mortier :
Chaque Caftor agit; commune en eft la tâche;
Le vieux y fait marcher le jeune fans relâche.
Maint maiftre d'œuvre y court, & tient haut le bafton.
  La republique de Platon,
  Ne feroit rien que l'apprentie
  De cette famille amphibie.
Ils fçavent en hyver élever leurs maifons,
  Paffent les eftangs fur des ponts,
  Fruit de leur art, fçavant ouvrage;
  Et nos pareils ont beau le voir;
  Jufqu'à prefent tout leur fçavoir,
  Eft de paffer l'onde à la nage.

Que ces Caftors ne foient qu'un corps vuide d'efprit,
Jamais on ne pourra m'obliger à le croire :
Mais voicy beaucoup plus : écoutez ce recit,
  Que je tiens d'un Roy plein de gloire.
Le défenfeur du Nort vous fera mon garend :
Je vais citer un Prince aimé de la victoire :
Son nom feul eft un mur à l'empire Ottoman;
C'eft le Roy Polonois, jamais un Roy ne ment.
  Il dit donc que fur fa frontiere
Des animaux entr'eux ont guerre de tout temps :

Le fang qui fe tranfmet des peres aux enfans,
    En renouvelle la matiere.
Ces animaux, dit-il, font germains du Renard.
        Jamais la guerre avec tant d'art
        Ne s'eft faite parmy les hommes,
    Non pas mefme au fiècle où nous fommes.
Corps de garde avancé, vedettes, efpions,
Embufcades, partis, & mille inventions
D'une pernicieufe, & maudite fcience,
    Fille du Stix, & mere des heros,
        Exercent de ces animaux
        Le bon fens, & l'experience.
Pour chanter leurs combats, l'Acheron nous devroit
        Rendre Homere. Ah s'il le rendoit
Et qu'il rendît auffi le rival d'Epicure !
Que diroit ce dernier fur ces exemples-cy ?
Ce que j'ay déja dit, qu'aux beftes la nature
Peut par les feuls refforts operer tout cecy ;
        Que la memoire eft corporelle,
Et que pour en venir aux exemples divers,
        Que j'ay mis en jour dans ces vers,
        L'animal n'a befoin que d'elle.
L'objet lors qu'il revient, va dans fon magazin
        Chercher par le mefme chemin
        L'image auparavant tracée,
Qui fur les mefmes pas revient pareillement,
        Sans le fecours de la penfée,
        Caufer un mefme évenement.
        Nous agiffons tout autrement.

   La volonté nous détermine,
Non l'objet, ny l'inſtinct. Je parle, je chemine;
   Je ſens en moy certain agent;
   Tout obeït dans ma machine
   A ce principe intelligent.
Il eſt diſtinct du corps, ſe conçoit nettement,
   Se conçoit mieux que le corps meſme :
De tous nos mouvemens c'eſt l'arbitre ſuprême.
   Mais comment le corps l'entend-il?
   C'eſt là le point : je vois l'outil
Obeïr à la main : mais la main qui la guide?
Eh! qui guide les Cieux, & leur courſe rapide?
Quelque Ange eſt attaché peut-eſtre à ces grands corps
Un eſprit vit en nous, & meut tous nos reſſorts :
L'impreſſion ſe fait; Le moyen, je l'ignore.
On ne l'apprend qu'au ſein de la Divinité;
Et s'il faut en parler avec ſincerité,
   Deſcartes l'ignoroit encore.
Nous & luy là-deſſus nous ſommes tous égaux.
Ce que je ſçais Iris, c'eſt qu'en ces animaux
   Dont je viens de citer l'exemple,
Cet eſprit n'agit pas, l'homme ſeul eſt ſon temple.
Auſſi faut-il donner à l'animal un poinct,
   Que la plante apres tout n'a point.
   Cependant la plante reſpire :
Mais que répondra-t-on à ce que je vais dire?

LES DEUX RATS, LE RENARD, ET L'ŒUF

Deux Rats cherchoient leur vie, ils trouverent un Oeuf.
Le difné fuffifoit à gens de cette efpece ;
Il n'eſtoit pas befoin qu'ils trouvaſſent un Bœuf.
    Pleins d'appetit, & d'allegreſſe,
Ils alloient de leur œuf manger chacun ſa part ;
Quand un Quidam parut. C'eſtoit maiſtre Renard ;
    Rencontre incommode & faſcheuſe.
Car comment ſauver l'œuf? Le bien empaqueter,
Puis des pieds de devant enſemble le porter,
    Où le rouler, ou le traiſner,
C'eſtoit choſe impoſſible autant que hazardeuſe.
    Neceſſité l'ingenieuſe
    Leur fournit une invention.
Comme ils pouvoient gagner leur habitation,
L'écornifleur eſtant à demy quart de lieuë ;
L'un ſe mit ſur le dos, prit l'œuf entre ſes bras,
Puis malgré quelques heurts, & quelques mauvais pas,
    L'autre le traiſna par la queuë.
Qu'on m'aille ſoûtenir apres un tel recit,

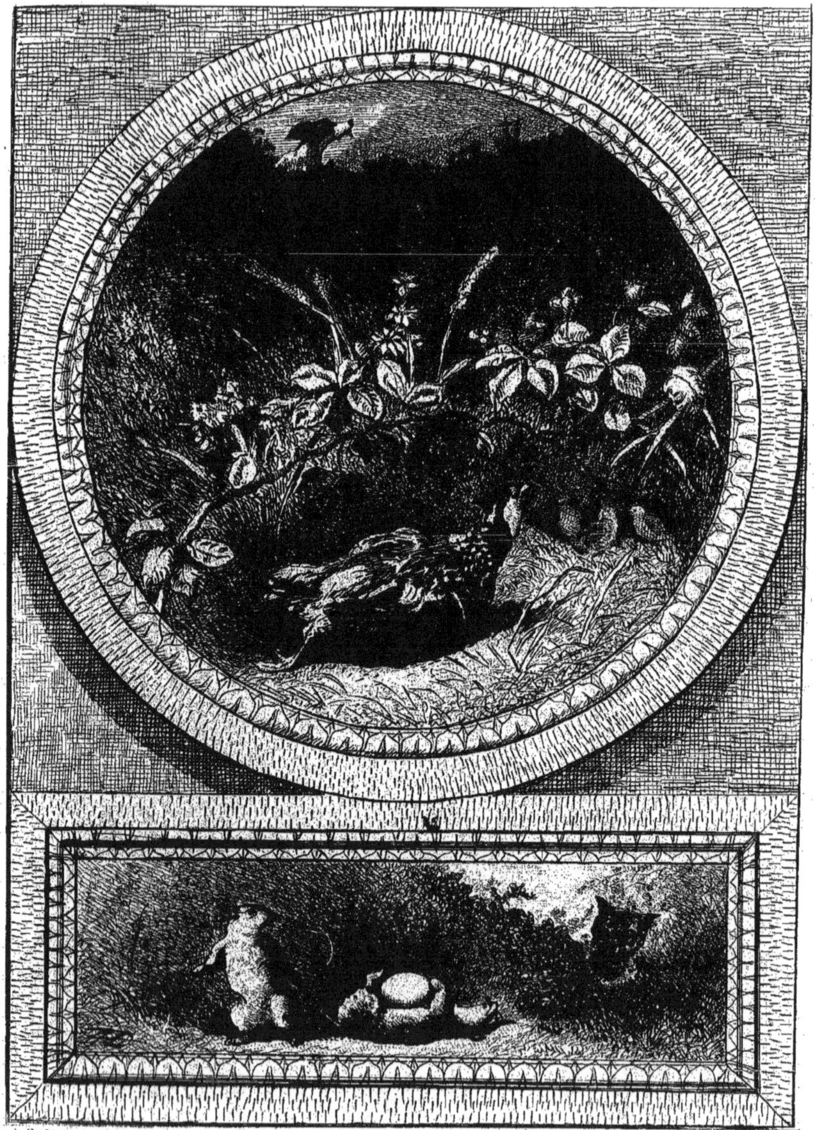

A. Delierre, sc.

Imp. A. Quantin

Que les beftes n'ont point d'efprit.
Pour moy, fi j'en eftois le maiftre,
Je leur en donnerois auffi bien qu'aux enfans.
Ceux-cy penfent-ils pas dés leurs plus jeunes ans?
Quelqu'un peut donc penfer ne fe pouvant connoiftre.
Par un exemple tout égal,
J'attribuërois à l'animal,
Non point une raifon felon noftre maniere :
Mais beaucoup plus auffi qu'un aveugle reffort :
Je fubtiliferois un morceau de matiere,
Que l'on ne pourroit plus concevoir fans effort,
Quinteffence d'atome, extrait de la lumiere,
Je ne fçais quoy plus vif, & plus mobile encor
Que le feu : car enfin, fi le bois fait la flâme,
La flâme en s'épurant peut-elle pas de l'ame
Nous donner quelque idée, & fort-il pas de l'or
Des entrailles du plomb? Je rendrois mon ouvrage
Capable de fentir, juger, rien davantage,
Et juger imparfaitement,
Sans qu'vn Singe jamais fift le moindre argument.
A l'égard de nous autres hommes,
Je ferois noftre lot infiniment plus fort :
Nous aurions un double trefor;
L'un cette ame pareille en tout-tant que nous fommes,
Sages, fous, enfans, idiots,
Hoftes de l'univers fous le nom d'animaux;
L'autre encore vne autre ame, entre nous et les Anges
Commune en un certain degré;
Et ce trefor à part creé

Suivroit parmy les airs les celeſtes phalanges,
Entreroit dans un poinct ſans en être preſſé,
Ne finiroit jamais quoy qu'ayant commencé,
  Choſes réelles quoy qu'eſtranges.
  Tant que l'enfance dureroit,
Cette fille du Ciel en nous ne paroiſtroit
  Qu'une tendre & foible lumiere;
L'organe eſtant plus fort, la raiſon perceroit
  Les tenebres de la matiere,
  Qui toûjours enveloperoit
  L'autre ame imparfaite & groſſiere.

11

L'HOMME ET LA COULEUVRE

Vn homme vid une Couleuvre.
Ah! méchante, dit-il, je m'en vais faire une œuvre
  Agreable à tout l'univers.
  A ces mots l'animal pervers
  (C'eſt le ſerpent que je veux dire,
Et non l'homme, on pourroit aiſément s'y tromper.)
A ces mots le ſerpent ſe laiſſant attraper
Eſt pris, mis en un ſac, & ce qui fut le pire,
On reſolut ſa mort, fuſt-il coupable ou non.
Afin de le payer toutefois de raiſon,
  L'autre luy fit cette harangue.

Symbole des ingrats, eſtre bon aux méchans
C'eſt eſtre ſot, meurs donc : ta colere & tes dents
Ne me nuiront jamais. Le Serpent en ſa langue
Reprit du mieux qu'il put : S'il faloit condamner
   Tous les ingrats qui ſont au monde,
   A qui pourroit-on pardonner?
Toy-meſme tu te fais ton procés. Je me fonde
Sur tes propres leçons; jette les yeux ſur toy.
Mes jours ſont en tes mains, tranche-les : ta juſtice
C'eſt ton utilité, ton plaiſir, ton caprice;
   Selon ces loix condamne-moy :
   Mais trouve bon qu'avec franchiſe
   En mourant au moins je te diſe,
   Que le ſymbole des ingrats
Ce n'eſt point le ſerpent, c'eſt l'homme. Ces paroles
Firent arreſter l'autre; il recula d'un pas.
Enfin il repartit. Tes raiſons ſont frivoles :
Je pourrois décider; car ce droit m'appartient :
Mais rapportons nous en. Soit fait, dit le reptile.
Une vache eſtoit là, l'on l'appelle, elle vient,
Le cas eſt propoſé, c'eſtoit choſe facile.
Faloit-il pour cela, dit-elle, m'appeller?
La Couleuvre a raiſon, pourquoy diſſimuler?
Je nourris celuy-cy depuis longues années;
Il n'a ſans mes bienfaits paſſé nulles journées;
Tout n'eſt que pour luy ſeul; mon lait & mes enfans,
Le font à la maiſon revenir les mains pleines;
Meſme j'ay rétably ſa ſanté que les ans
   Avoient alterée, & mes peines

Ont pour but fon pláifir ainfi que fon befoin.
Enfin me voila vieille; il me laiffe en un coin
Sans herbe; s'il vouloit encor me laiffer paiftre!
Mais je fuis attachée, & fi j'euffe eu pour maiftre
Un ferpent, euft-il fceu jamais pouffer fi loin
L'ingratitude? Adieu. J'ay dit ce que je penfe.
L'homme tout étonné d'une telle fentence
Dit au ferpent : Faut-il croire ce qu'elle dit?
C'eft une radoteufe, elle a perdu l'efprit.
Croyons ce Bœuf. Croyons, dit la rempante befte.
Ainfi dit, ainfi fait. Le Bœuf vient à pas lents.
Quand il eut ruminé tout le cas en fa tefte,
  Il dit que du labeur des ans
Pour nous feuls il portoit les foins les plus pefans,
Parcourant fans ceffer ce long cercle de peines
Qui revenant fur foy ramenoit dans nos plaines
Ce que Cerés nous donne, & vend aux animaux.
  Que cette fuite de travaux
Pour récompenfe avoit de tous tant que nous fommes,
Force coups, peu de gré; puis quand il eftoit vieux,
On croyoit l'honorer chaque fois que les hommes
Achetoient de fon fang l'indulgence des Dieux.
Ainfi parla le Bœuf. L'homme dit : Faifons taire
  Cet ennuyeux déclamateur.
Il cherche de grands mots, & vient icy fe faire,
  Au lieu d'arbitre, accufateur.
Je le recufe auffi. L'arbre eftant pris pour juge,
Ce fut bien pis encor. Il fervoit de refuge
Contre le chaud, la pluye, & la fureur des vents :

Pour nous feuls il ornoit les jardins & les champs.
L'ombrage n'eftoit pas le feul bien qu'il fceuft faire;
Il courboit fous les fruits; cependant pour falaire
Un ruftre l'abattoit; c'eftoit là fon loyer;
Quoy que pendant tout l'an liberal il nous donne
Ou des fleurs au Printemps; ou du fruit en Automne;
L'ombre, l'Efté; l'Hyver, les plaifirs du foyer.
Que ne l'émondoit-on fans prendre la cognée?
De fon temperament il euft encor vécu.
L'homme trouvant mauvais que l'on l'euft convaincu,
Voulut à toute force avoir caufe gagnée.
Je fuis bien bon, dit-il, d'écouter ces gens-là.
Du fac & du ferpent auffi-toft il donna
  Contre les murs, tant qu'il tua la befte.
  On en ufe ainfi chez les grands.
La raifon les offenfe : ils fe mettent en tefte
Que tout eft né pour eux, quadrupedes, & gens,
   Et ferpens.
  Si quelqu'un defferre les dents,
C'eft un fot. J'en conviens. Mais que faut-il donc faire?
  Parler de loin; ou bien fe taire.

III

LA TORTUE ET LES DEUX CANARDS

Une Tortuë eſtoit, à la teſte legere,
Qui laſſe de ſon trou voulut voir le pays.
Volontiers on fait cas d'une terre étrangere :
Volontiers gens boiteux haïſſent le logis.
   Deux Canards à qui la Commere
   Communiqua ce beau deſſein,
Luy dirent qu'ils avoient dequoy la ſatisfaire :
   Voyez-vous ce large chemin?
Nous vous voiturerons par l'air en Amerique.
   Vous verrez mainte Republique,
Maint Royaume, maint peuple; & vous profiterez
Des differentes mœurs que vous remarquerez.
Ulyſſe en fit autant. On ne s'attendoit guere
   De voir Ulyſſe en cette affaire.

La Tortuë écouta la propofition.
Marché fait, les oifeaux forgent une machine
   Pour tranfporter la pelerine.
Dans la gueule en travers on luy paffe un bafton.
Serrez-bien, dirent-ils; gardez de lafcher prife :
Puis chaque Canard prend ce bafton par un bout.
La Tortuë enlevée on s'étonne par tout
   De voir aller en cette guife
   L'animal lent & fa maifon,
Juftement au milieu de l'un & l'autre Oifon.
Miracle, crioit-on; Venez voir dans les nuës
   Paffer la Reine des Tortuës.
La Reine : Vrayment ouy; Je la fuis en effet;
Ne vous en moquez point. Elle eût beaucoup mieux fait
De paffer fon chemin fans dire aucune chofe;
Car lafchant le bafton en defferrant les dents,
Elle tombe, elle creve aux pieds des regardans.
Son indifcretion de fa perte fut caufe.
Imprudence, babil, & fotte vanité,
   Et vaine curiofité
   Ont enfemble eftroit parentage;
   Ce font enfans tous d'un lignage.

IV

LES POISSONS ET LE CORMORAN

Il n'eſtoit point d'étang dans tout le voiſinage
Qu'un Cormoran n'euſt mis à contribution.
Viviers & reſervoirs luy payoient penſion :
Sa cuiſine alloit bien; mais lors que le long âge
   Eut glacé le pauvre animal,
   La meſme cuiſine alla mal.
Tout Cormoran ſe ſert de pourvoyeur luy-meſme.
Le noſtre un peu trop vieux pour voir au fond des eaus,
   N'ayant ny filets ny rezeaus,
   Souffroit une diſette extreme.

Que fit-il ? le befoin, docteur en ftratagême,
Luy fournit celuy-cy. Sur le bord d'un Eftang
   Cormoran vid une Ecreviffe.
Ma commere, dit-il, allez tout à l'inftant
   Porter un avis important
    A ce peuple ; Il faut qu'il periffe :
Le maiftre de ce lieu dans huit jours pefchera :
   L'Ecreviffe en hafte s'en va
   Conter le cas : grande eft l'émute.
   On court, on s'affemble, on députe
   A l'oifeau. Seigneur Cormoran,
D'où vous vient cet avis ? quel eft voftre garand ?
   Eftes-vous feur de cette affaire ?
N'y fçavez-vous remede ? & qu'eft-il bon de faire ?
Changer de lieu, dit-il. Comment le ferons-nous ?
N'en foyez point en foin : je vous porteray tous
   L'un apres l'autre en ma retraite.
Nul que Dieu feul & moy n'en connoift les chemins,
   Il n'eft demeure plus fecrete.
Un Vivier que nature y creufa de fes mains.
   Inconnu des traitres humains,
   Sauvera voftre republique.
   On le crut. Le peuple aquatique
   L'un apres l'autre fut porté
   Sous ce rocher peu frequenté.
   Là Cormoran le bon apoftre
   Les ayant mis en un endroit
   Tranfparent, peu creux, fort étroit,
Vous les prenoit fans peine, un jour l'un, un jour l'autre.

Il leur apprit à leurs dêpens,
Que l'on ne doit jamais avoir de confiance
En ceux qui font mangeurs de gens.
Ils y perdirent peu; puis que l'humaine engeance
En auroit auffi bien croqué fa bonne part;
Qu'importe qui vous mange? homme ou Loup; toute panfe
Me paroift une à cet égard;
Un jour pluftoft, un jour plus tard,
Ce n'eft pas grande difference.

V

L'ENFOUISSEUR ET SON COMPERE

Un Pinfemaille avoit tant amaffé,
 Qu'il ne fçavoit où loger fa finance.
L'avarice compagne & fœur de l'ignorance,
 Le rendoit fort embaraffé
 Dans le choix d'un depofitaire;
Car il en vouloit un : Et voicy fa raifon.
L'objet tente; il faudra que ce monceau s'altere,
 Si je le laiffe à la maifon :
Moy-mefme de mon bien je feray le larron.
Le larron, quoy joüir, c'eft fe voler foy-mefme!
Mon amy, j'ay pitié de ton erreur extrême;
 Apprend de moy cette leçon :
Le bien n'eft bien qu'en tant que l'on s'en peut défaire.

Sans cela c'eft un mal. Veux-tu le referver
Pour un âge & des temps qui n'en ont plus que faire?
La peine d'acquerir, le foin de conferver
Oftent le prix à l'or qu'on croit fi neceffaire.
   Pour fe décharger d'un tel foin
Noftre homme euft pû trouver des gens furs au befoin;
Il aima mieux la terre, & prenant fon compere,
Celuy-cy l'aide; Ils vont enfoüir le trefor.
Au bout de quelque-temps l'homme va voir fon or.
   Il ne retrouva que le gifte.
Soupçonnant à bon droit le compere, il va vifte
Luy dire : Appreftez-vous; car il me refte encor
Quelques deniers; je veux les joindre à l'autre maffe.
Le Compere auffi toft va remettre en fa place
   L'argent volé, prétendant bien
Tout reprendre à la fois fans qu'il y manquaft rien.
   Mais pour ce coup l'autre fut fage :
Il retint tout chez luy, réfolu de joüir,
   Plus n'entaffer, plus n'enfoüir.
Et le pauvre voleur ne trouvant plus fon gage,
   Penfa tomber de fa hauteur.
Il n'eft pas mal-aifé de tromper un trompeur.

VI

LE LOUP ET LES BERGERS

Un Loup remply d'humanité,
(S'il en eſt de tels dans le monde)
Fit un jour ſur ſa cruauté,
Quoy qu'il ne l'exerçaſt que par neceſſité,
Une reflexion profonde.
Je ſuy hay, dit-il, & de qui? de chacun.
Le Loup eſt l'ennemy commun :
Chiens, Chaſſeurs, Villageois s'aſſemblent pour ſa perte :

Jupiter eſt la haut étourdi de leurs cris :
C'eſt par là que de Loups l'Angleterre eſt deſerte :
    On y mit noſtre teſte à prix.
    Il n'eſt hobereau qui ne faſſe
    Contre nous tels bans publier :
    Il n'eſt marmot oſant crier
Que du Loup auſſi-toſt ſa mere ne menace.
    Le tout pour un Aſne rogneux,
Pour un Mouton pourry, pour quelque Chien hargneux
    Dont j'auray paſſé mon envie.
Et bien ne mangeons plus de choſe ayant eu vie :
Paiſſons l'herbe, broutons, mourons de faim pluſtoſt :
    Eſt-ce une choſe ſi cruelle ?
Vaut-il mieux s'attirer la haine univerſelle ?
Diſant ces mots il vid des Bergers pour leur roſt
    Mangeans un agneau cuit en broche.
    Oh, oh, dit-il, je me reproche
Le ſang de cette gent; Voila ſes gardiens
    S'en repaiſſans eux & leurs chiens;
    Et moy Loup j'en feray ſcrupule ?
Non, par tous les Dieux non; Je ferois ridicule.
    Thibaut l'agnelet paſſera,
    Sans qu'à la broche je le mette;
Et non ſeulement luy, mais la mere qu'il tette,
    Et le pere qui l'engendra.
Ce Loup avoit raiſon : Eſt-il dit qu'on nous voye
    Faire feſtin de toute proye,
Manger les animaux, & nous les reduirons
Aux mets de l'âge d'or autant que nous pourrons ?

Ils n'auront ny croc ny marmite?
Bergers, bergers, le loup n'a tort
Que quand il n'eſt pas le plus fort :
Voulez-vous qu'il vive en hermite?

VII

L'ARAIGNEE ET L'HIRONDELLE

O Jupiter, qui fceus de ton cerveau,
Par un fecret d'acouchement nouveau,
Tirer Pallas, jadis mon ennemie,
Entends ma plainte une fois en ta vie.
Progné me vient enlever les morceaus :
Caracolant, frifant l'air & les eaus,
Elle me prend mes mouches à ma porte :
Miennes je puis les dire; & mon rezeau
En feroit plein fans ce maudit oifeau;
Je l'ay tiffu de matiere affez forte.

   Ainſi d'un diſcours inſolent,
Se plaignoit l'Araignée autrefois tapiſſiere,
   Et qui lors eſtant filandiere,
Pretendoit enlacer tout inſecte volant.
La ſœur de Philomele, attentive à ſa proye,
Malgré le beſtion happoit mouches dans l'air,
Pour ſes petits, pour elle, impitoyable joye,
Que ſes enfans gloutons, d'un bec toûjours ouvert,
D'un ton demy formé, bégayante couvée,
Demandoient par des cris encor mal entendus.
   La pauvre Aragne n'ayant plus
Que la teſte & les pieds, artiſans ſuperflus,
   Se vid elle-meſme enlevée.
L'hirondelle en paſſant emporta toile, & tout,
   Et l'animal pendant au bout.
Jupin pour chaque état mit deux tables au monde.
L'adroit, le vigilant & le fort ſont aſſis
   A la premiere : & les petits
   Mangent leur reſte à la ſeconde.

VIII

LES PERDRIX ET LES COCS

Parmy de certains Cocs incivils, peu galans,
 Toûjours en noife & turbulens,
  Une Perdrix eftoit nourrie.
  Son fexe & l'hofpitalité,
De la part de ces Cocs peuple à l'amour porté
Luy faifoient efperer beaucoup d'honnefteté :
Ils feroient les honneurs de la mefnagerie.
Ce peuple cependant fort fouvent en furie,

Pour la Dame étrangere ayant peu de refpec,
Luy donnoit fort fouvent d'horribles coups de bec.
    D'abord elle en fut affligée;
Mais fi-toft qu'elle eut vû cette troupe enragée
S'entrebattre elle-mefme, & fe percer les flancs,
Elle fe confola. Ce font leurs mœurs, dit-elle,
Ne les accufons point; plaignons plûtoft ces gens.
    Jupiter fur un feul modele
    N'a pas formé tous les efprits :
Il eft des naturels de Cocs & de Perdrix.
S'il dépendoit de moy, je pafferois ma vie
    En plus honnefte compagnie.
Le maiftre de ces lieux en ordonne autrement.
    Il nous prend avec des tonnelles,
Nous loge avec des Cocs, & nous coupe les aifles :
C'eft de l'homme qu'il faut fe plaindre feulement.

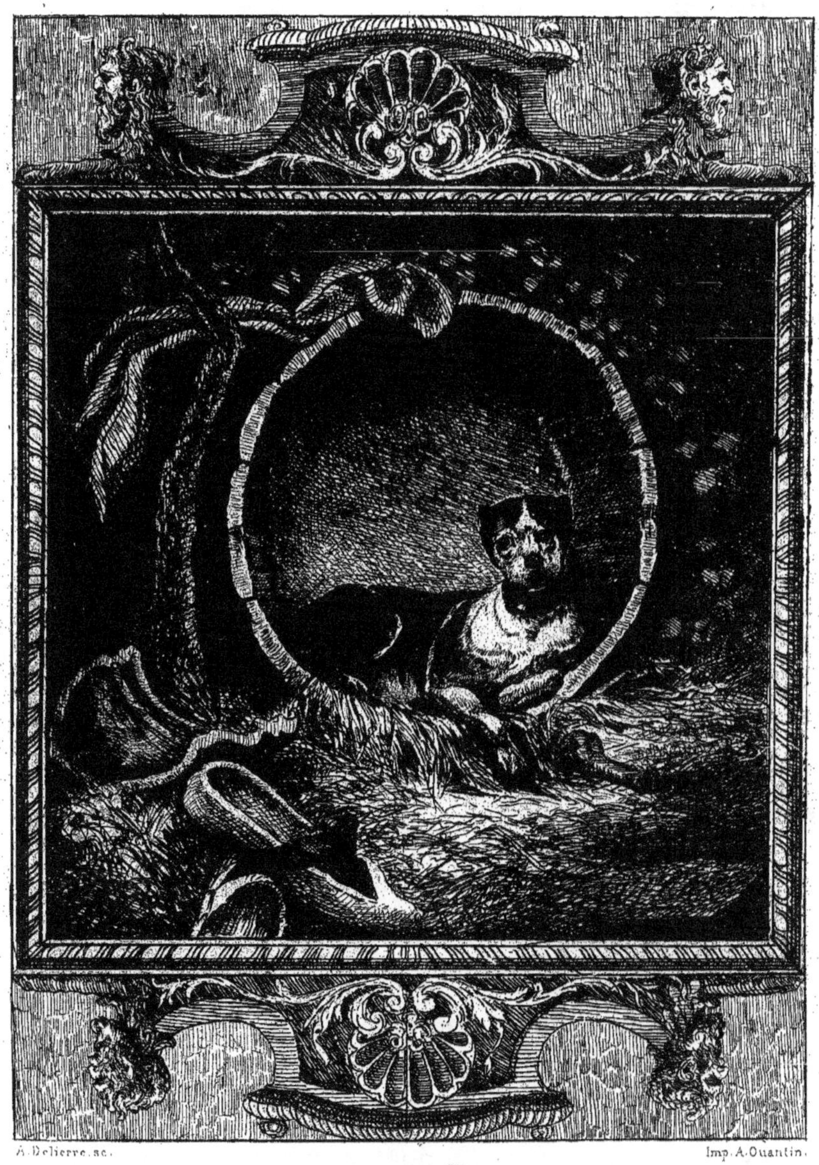

A. Delierre sc.   Imp. A. Quantin.

IX

LE CHIEN A QUI ON A COUPÉ LES OREILLES

Qu'ay-je fait pour me voir ainſi
  Mutilé par mon propre maiſtre?
  Le bel eſtat où me voicy!
Devant les autres Chiens oſeray-je parêtre?
O Rois des animaux, ou, plûtoſt leurs tyrans,
  Qui vous feroit choſes pareilles?
Ainſi crioit Mouflar jeune dogue; & les gens
Peu touchez de ſes cris douloureux & perçans,
Venoient de luy couper ſans pitié les oreilles.
Mouflar y croyoit perdre : il vit avec le temps

Qu'il y gagnoit beaucoup; car eftant de nature
A piller fes pareils, mainte mefaventure
   L'auroit fait retourner chez luy
Avec cette partie en cent lieux alterée;
Chien hargneux a toûjours l'oreille déchirée.
Le moins qu'on peut laiffer de prife aux dents d'autruy
C'eft le mieux. Quand on n'a qu'un endroit à défendre,
   On le munit de peur d'efclandre :
Témoin maiftre Mouflar armé d'un gorgerin;
Du refte ayant d'oreille autant que fur ma main,
   Un Loup n'eut fceu par où le prendre.

X

LE BERGER ET LE ROY

Deux demons à leur gré partagent noftre vie,
Et de fon patrimoine ont chaffé la raifon.
Je ne vois point de cœur qui ne leur facrifie.
Si vous me demandez leur état & leur nom,
J'appelle l'un, Amour; & l'autre, Ambition.
Cette derniere étend le plus loin fon empire;
   Car mefme elle entre dans l'amour.
Je le ferois bien voir : mais mon but eft de dire
Comme un Roy fit venir un Berger à fa Cour.
Le conte eft du bon temps. non du fiecle où nous fommes.

Ce Roy vid un troupeau qui couvroit tous les champs,
Bien broutant, en bon corps, rapportant tous les ans,
Grace aux foins du Berger, de trés-notables fommes.
Le Berger plut au Roy par ces foins diligens.
Tu merites, dit-il, d'eftre Pafteur de gens ;
Laiffe-là tes moutons, viens conduire des hommes.
   Je te fais Juge Souverain.
Voilà noftre Berger la balance à la main.
Quoy qu'il n'euft gueres veu d'autres gens qu'un Hermite,
Son troupeau, fes mâtins, le loup, & puis c'eft tout,
Il avoit du bon fens ; le refte vient en fuite.
   Bref il en vint fort bien à bout.
L'Hermite fon voifin accourut pour luy dire :
Veillay-je, & n'eft-ce point un fonge que je vois ?
Vous favory ! vous grand ! défiez-vous des Rois :
Leur faveur eft gliffante, on s'y trompe ; & le pire,
C'eft qu'il en coûte cher ; de pareilles erreurs
Ne produifent jamais que d'illuftres malheurs.
Vous ne connoiffez pas l'attrait qui vous engage.
Je vous parle en amy. Craignez tout. L'autre rit,
   Et noftre Hermite pourfuivit :
Voyez combien déja la Cour vous rend peu fage.
Je crois voir cet aveugle, à qui dans un voyage
   Un ferpent engourdy de froid
Vint s'offrir fous la main ; il le prit pour un foüet.
Le fien s'eftoit perdu tombant de fa ceinture.
Il rendoit grace au Ciel de l'heureufe avanture,
Quand un paffant cria : Que tenez-vous ? ô Dieux !
Jettez cet animal traiftre & pernicieux,

Ce ferpent. C'eft un foüet. C'eft un ferpent, vous dis-je :
A me tant tourmenter quel intereft m'oblige?
Pretendez-vous garder ce trefor? Pourquoy non?
Mon foüet eftoit ufé; j'en retrouve un fort bon :
   Vous n'en parlez que par envie.
   L'aveugle enfin ne le crut pas,
   Il en perdit bien-toft la vie :
L'animal dégourdy piqua fon homme au bras.
   Quant à vous, j'ofe vous prédire
Qu'il vous arrivera quelque chofe de pire.
Eh, que me fçauroit-il arriver que la mort?
Mille dégoufts viendront, dit le Prophete Hermite.
Il en vint en effet; l'Hermite n'eut pas tort.
Mainte pefte de Cour, fit tant par maint reffort,
Que la candeur du Juge, ainfi que fon merite,
Furent fufpects au Prince. On cabale, on fufcite
Accufateurs & gens grevez par fes arrefts.
De nos biens, dirent-ils, il s'eft fait un Palais.
Le Prince voulut voir ces richeffes immenfes,
Il ne trouva par tout que mediocrité,
Loüanges du defert & de la pauvreté;
   C'eftoient-là fes magnificences.
Son fait, dit-on, confifte en des pierres de prix.
Un grand coffre en eft plein, fermé de dix ferrures.
Luy-mefme ouvrit ce coffre, & rendit bien furpris
   Tous les machineurs d'impoftures.
Le coffre eftant ouvert, on y vid des lambeaux,
   L'habit d'un gardeur de troupeaux,
Petit chapeau, jupon, panetiere, houlette,

Et je penſe auſſi ſa muſette.
Doux treſors, ce dit-il, chers gages qui jamais
N'attiraſtes ſur vous l'envie & le menſonge,
Je vous reprens : ſortons de ces riches Palais
Comme l'on ſortiroit d'un ſonge.
Sire, pardonnez-moy cette exclamation.
J'avois préveu ma cheute en montant ſur le faiſte.
Je m'y ſuis trop complu ; mais qui n'a dans la teſte
Un petit grain d'ambition ?

XI

LES POISSONS ET LE BERGER QUI JOUE DE LA FLUTE

  Tyrcis qui pour la feule Annette
  Faifoit refonner les accords
  D'une voix & d'une mufette,
  Capables de toucher les morts,
  Chantoit un jour le long des bords
  D'une onde arrofant des prairies,
Dont Zephire habitoit les campagnes fleuries.
Annette cependant à la ligne pefchoit;
  Mais nul poiffon ne s'approchoit.
  La Bergere perdoit fes peines.
  Le Berger qui par fes chanfons
  Euft attiré des inhumaines,

Crut, & crut mal, attirer des poiſſons.
Il leur chanta cecy. Citoyens de cette onde,
Laiſſez voſtre Nayade en ſa grote profonde.
Venez voir un objet mille fois plus charmant.
Ne craignez point d'entrer aux priſons de la Belle :
  Ce n'eſt qu'à nous qu'elle eſt cruelle :
  Vous ferez traitez doucement,
  On n'en veut point à voſtre vie :
Un vivier vous attend plus clair que fin criſtal.
Et quand à quelques-uns l'appaſt feroit fatal,
Mourir des mains d'Annette eſt un ſort que j'envie.
Ce diſcours éloquent ne fit pas grand effet :
L'auditoire eſtoit ſourd auſſi bien que muet.
Tyrcis eut beau preſcher : ſes paroles miellées
  S'en eſtant aux vents envolées,
Il tendit un long rets. Voila les poiſſons pris,
Voila les poiſſons mis aux pieds de la Bergere.
O vous Paſteurs d'humains & non pas de brebis :
Rois qui croyez gagner par raiſons les eſprits
  D'une multitude étrangere,
Ce n'eſt jamais par-là que l'on en vient à bout :
  Il y faut une autre maniere,
Servez-vous de vos rets, la puiſſance fait tout.

XII

LES DEUX PERROQUETS, LE ROY ET SON FILS

Deux Perroquets, l'un pere & l'autre fils,
Du roft d'un Roy faifoient leur ordinaire.
Deux demi-dieux, l'un fils et l'autre pere,
De ces oyfeaux faifoient leurs favoris.
L'âge lioit une amitié fincere
Entre ces gens : les deux peres s'aimoient;
Les deux enfans, malgré leur cœur frivole.
L'un avec l'autre auffi s'accoûtumoient,
Nourris enfemble, & compagnons d'école.
C'eſtoit beaucoup d'honneur au jeune Perroquet;
Car l'enfant eſtoit Prince & fon pere Monarque.
Par le temperament que luy donna la parque,

Il aimoit les oyfeaux. Un Moineau fort coquet,
Et le plus amoureux de toute la Province,
Faifoit auffi fa part des delices du Prince.
Ces deux rivaux un jour enfemble fe joüans,
Comme il arrive aux jeunes gens,
Le jeu devint une querelle.
Le paffereau peu circonfpec,
S'attira de tels coups de bec,
Que demy mort & traifnant l'aifle,
On crut qu'il n'en pourroit guerir.
Le Prince indigné fit mourir
Son Perroquet. Le bruit en vint au pere.
L'infortuné vieillard crie & fe defefpere.
Le tout en vain; fes cris font fuperflus :
L'oifeau parleur eft déja dans la barque :
Pour dire mieux, l'oifeau ne parlant plus
Fait qu'en fureur fur le fils du Monarque
Son pere s'en va fondre, & luy creve les yeux.
Il fe fauve auffi-toft, & choifit pour azile
Le haut d'un Pin. Là dans le fein des Dieux
Il goufte fa vengeance en lieu feur & tranquille.
Le Roy luy-mefme y court, & dit pour l'attirer;
Amy, reviens chez moy : que nous fert de pleurer?
Haine, vengeance & deüil, laiffons tout à la porte.
Je fuis contraint de déclarer,
Encor que ma douleur foit forte,
Que le tort vient de nous : mon fils fut l'agreffeur :
Mon fils! non; C'eft le fort qui du coup eft l'autheur.
La Parque avoit écrit de tout temps en fon livre

Que l'un de nos enfans devoit ceffer de vivre,
   L'autre de voir, par ce malheur.
Confolons-nous tous deux, & reviens dans ta cage.
    Le Perroquet dit : Sire Roy,
    Crois-tu qu'aprés un tel outrage
    Je me doive fier à toy?
Tu m'allegues le fort; prétens-tu par ta foy
Me leurrer de l'appaft d'un profane langage?
Mais que la providence ou bien que le deftin
    Regle les affaires du monde,
Il eft écrit là-haut qu'au faifte de ce pin
    Ou dans quelque Foreft profonde
J'acheveray mes jours loin du fatal objet
    Qui doit t'eftre un jufte fujet
De haine & de fureur. Je fçay que la vengeance
Eft un morceau de Roy, car vous vivez en Dieux.
    Tu veux oublier cette offenfe :
Je le crois : cependant, il me faut pour le mieux
    Eviter ta main & tes yeux.
Sire Roy mon amy, va-t'en, tu perds ta peine,
    Ne me parle point de retour :
L'abfence eft auffi bien un remede à la haine
    Qu'un appareil contre l'amour.

XIII

LA LIONNE ET L'OURSE

Mere Lionne avoit perdu fon fan.
Un Chaffeur l'avoit pris. La pauvre infortunée
  Pouffoit un tel rugiffement
Que toute la Foreft eftoit importunée.
  La nuit ny fon obfcurité,
  Son filence & fes autres charmes,
De la Reine des bois n'arreftoit les vacarmes.
Nul animal n'eftoit du fommeil vifité.
  L'Ourfe enfin luy dit : Ma commere,
  Un mot fans plus; tous les enfans
  Qui font paffez entre vos dents,
  N'avoient-ils ny pere ny mere?

Ils en avoient. S'il eſt ainſi,
Et qu'aucun de leur mort n'ait nos teſtes rompuës,
Si tant de meres ſe font teuës,
Que ne vous taiſez-vous auſſi?
Moy me taire? moy malheureuſe!
Ah j'ay perdu mon fils! il me faudra traiſner
Une vieilleſſe douloureuſe.
Dites-moy, qui vous force à vous y condamner?
Helas! c'eſt le deſtin qui me hait. Ces parolles
Ont eſté de tout temps en la bouche de tous.
Miſerables humains, cecy s'adreſſe à vous :
Je n'entens reſonner que des plaintes frivoles.
Quiconque en pareil cas ſe croit haï des Cieux,
Qu'il conſidere Hecube, il rendra grace aux Dieux.

XIV

LES DEUX AVANTURIERS ET LE TALISMAN

Aucun chemin de fleurs ne conduit à la gloire.
Je n'en veux pour témoin, qu'Hercule & fes travaux.
    Ce Dieu n'a guere de rivaux :
J'en vois peu dans la Fable, encor moins dans l'Hiſtoire.
En voicy pourtant un que de vieux Taliſmans
Firent chercher fortune au pays des Romans.
    Il voyageoit de compagnie.
Son camarade & luy trouverent un poteau,
    Ayant au haut cet écriteau.
Seigneur Avanturier, s'il te prend quelque envie

De voir ce que n'a veu nul Chevalier errant,
   Tu n'as qu'à paſſer ce torrent,
Puis prenant dans tes bras un Elephant de pierre,
   Que tu verras couché par terre,
Le porter d'une haleine au ſommet de ce mont
Qui menace les Cieux de ſon ſuperbe front.
L'un des deux Chevaliers feigna du nez. Si l'onde
   Eſt rapide autant que profonde,
Dit-il, & ſuppoſé qu'on la puiſſe paſſer,
Pourquoy de l'Elephant s'aller embaraſſer?
   Quelle ridicule entrepriſe!
La ſage l'aura fait par tel art & de guiſe,
Qu'on le pourra porter peut-eſtre quatre pas :
Mais juſqu'au haut du mont, d'une haleine? il n'eſt pas
Au pouvoir d'un mortel, à moins que la figure
Ne ſoit d'un Elephant nain, pigmée, avorton,
   Propre à mettre au bout d'un baſton :
Auquel cas, où l'honneur d'une telle avanture?
On nous veut attraper dedans cette écriture :
Ce fera quelque enigme à tromper un enfant.
C'eſt pourquoy je vous laiſſe avec voſtre Elephant
Le raiſonneur party, l'avantureux ſe lance,
   Les yeux clos à travers cette eau.
   Ny profondeur ny violence
Ne pûrent l'arreſter, & felon l'écriteau
Il vid ſon Elephant couché ſur l'autre rive.
Il le prend, il l'emporte, au haut du mont arrive,
Rencontre une eſplanade, & puis une cité.
Un cry par l'Elephant eſt auſſi-toſt jetté.

          Le peuple auffi-toft fort en armes.
Tout autre Avanturier au bruit de ces alarmes
Auroit fuy. Celuy-cy loin de tourner le dos
Veut vendre au moins fa vie, & mourir en Heros.
Il fut tout étonné d'oüir cette cohorte
Le proclamer Monarque au lieu de fon Roy mort.
Il ne fe fit prier que de la bonne forte,
Encor que le fardeau fuft, dit-il, un peu fort.
Sixte en difoit autant quand on le fit faint Pere.
          (Seroit-ce bien une mifere
          Que d'eftre Pape ou d'eftre Roy?)
On reconnut bien-toft fon peu de bonne foy.
Fortune aveugle fuit aveugle hardieffe.
Le fage quelquefois fait bien d'executer,
Avant que de donner le temps à la fageffe
D'envifager le fait, & fans la confulter.

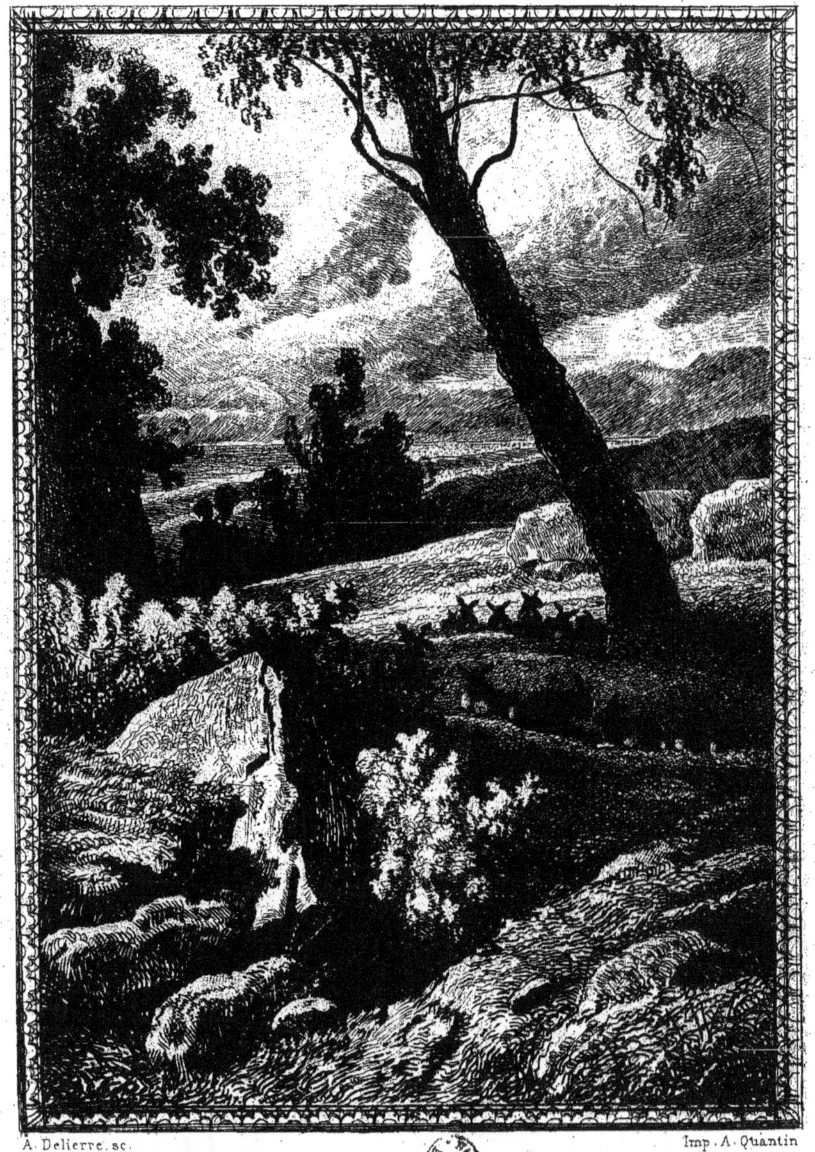

A. Delierre. sc.

Imp. A. Quantin

DISCOURS

A MONSIEUR LE DUC DE LA ROCHEFOUCAULT

XV

Je me suis souvent dit, voyant de quelle sorte
    L'homme agit, & qu'il se comporte
En mille occasions comme les animaux :
Le Roy de ces gens-là n'a pas moins de defaux
    Que ses sujets, & la nature
    A mis dans chaque creature

Quelque grain d'une maffe où puifent les efprits :
J'entens les efprits corps, & paitris de matiere.
   Je vais prouver ce que je dis.
A l'heure de l'affuſt, foit lors que la lumiere
Précipite fes traits dans l'humide fejour;
Soit lors que le Soleil rentre dans fa carriere,
Et que n'eſtant plus nuit, il n'eſt pas encor jour,
Au bord de quelque bois fur un arbre je grimpe;
Et nouveau Jupiter du haut de cet olimpe,
   Je foudroye à difcretion
   Un lapin qui n'y penfoit guere.
Je vois fuir auffi-toſt toute la nation
   Des lapins qui fur la Bruyere,
   L'œil éveillé, l'oreille au guet,
S'égayoient & de thim parfumoient leur banquet.
   Le bruit du coup fait que la bande
   S'en va chercher fa feureté
   Dans la foûterraine cité :
Mais le danger s'oublie, & cette peur fi grande
S'évanoüit bien-toſt. Je revois les lapins
Plus gais qu'auparavant revenir fous mes mains.
Ne reconnoiſt-on pas en cela les humains?
   Difperfez par quelque orage
   A peine ils touchent le port,
   Qu'ils vont hazarder encor
   Même vent, même naufrage.
   Vrais lapins on les revoit
   Sous les mains de la fortune.
Joignons à cet exemple une chofe commune

Quand des chiens étrangers paſſent par quelque endroit
   Qui n'eſt pas de leur détroit,
  Je laiſſe à penſer quelle feſte.
  Les chiens du lieu n'ayans en teſte
Qu'un intereſt de gueule, à cris, à coups de dents
   Vous accompagnent ces paſſans
  Juſqu'aux confins du territoire.
Un intereſt de biens, de grandeur, & de gloire,
Aux Gouverneurs d'Eſtats, à certains courtiſans,
A gens de tous métiers en fait tout autant faire.
   On nous void tous pour l'ordinaire
Piller le ſurvenant, nous jetter ſur ſa peau.
La coquette & l'auteur ſont de ce caractere;
   Malheur à l'écrivain nouveau.
Le moins de gens qu'on peut à l'entour du gaſteau,
   C'eſt le droit du jeu, c'eſt l'affaire.
Cent exemples pourroient appuyer mon diſcours;
   Mais les ouvrages les plus courts
Sont toûjours les meilleurs. En cela j'ay pour guides
Tous les maiſtres de l'art, & tiens qu'il faut laiſſer
Dans les plus beaux ſujets quelque choſe à penſer :
   Ainſi ce diſcours doit ceſſer.
Vous qui m'avez donné ce qu'il a de ſolide,
Et dont la modeſtie égale la grandeur,
Qui ne puſtes jamais écouter ſans pudeur
   La loüange la plus permiſe,
   La plus juſte & la mieux acquiſe,
Vous enfin dont à peine ay-je encore obtenu
Que voſtre nom receuſt icy quelques hommages,

Du temps & des censeurs défendant mes ouvrages,
Comme un nom qui des ans & des peuples connu,
Fait honneur à la France en grands noms plus feconde
    Qu'aucun climat de l'Univers,
Permettez-moy du moins d'apprendre à tout le monde
Que vous m'avez donné le sujet de ces Vers.

XVI

LE MARCHAND, LE GENTILHOMME, LE PATRE
ET LE FILS DE ROY

Quatre chercheurs de nouveaux mondes,
Prefque nus échapez à la fureur des ondes,
Un Trafiquant, un Noble, un Pâtre, un Fils de Roy,
    Réduits au fort de Bellizaire*,
    Demandoient aux paffans de quoy
    Pouvoir foulager leur mifere.

  * Bellizaire eftoit un grand Capitaine, qui ayant commandé les Armées de l'Empereur & perdu les bonnes graces de fon Maiftre, tomba dans un tel point de mifere, qu'il demandoit l'aumofne fur les grands chemins.

De raconter quel fort les avoit aſſemblez,
Quoy que ſous divers points tous quatre ils fuſſent nez,
  C'eſt un récit de longue haleine.
Ils s'aſſirent enfin au bord d'une fontaine.
Là le conſeil ſe tint entre les pauvres gens.
Le Prince s'étendit ſur le malheur des grands.
Le Pâtre fut d'avis qu'éloignant la penſée
  De leur avanture paſſée
Chacun fiſt de ſon mieux, & s'appliquaſt au ſoin
  De pourvoir au commun beſoin.
La plainte, ajoûta-t'il, guerit-elle ſon homme?
Travaillons; c'eſt dequoy nous mener juſqu'à Rome.
Un Pâtre ainſi parler! ainſi parler; croit-on
Que le Ciel n'ait donné qu'aux teſtes couronnées
  De l'eſprit & de la raiſon,
Et que de tout Berger comme de tout mouton,
  Les connoiſſances ſoient bornées?
L'avis de celuy-cy fut d'abord trouvé bon
Par les trois échoüez aux bords de l'Amerique.
L'un, c'eſtoit le Marchand, ſçavoit l'Arithmetique;
A tant par mois, dit-il, j'en donneray leçon.
  J'enſeigneray la politique,
Reprit le Fils de Roy. Le Noble pourſuivit :
Moy je ſçais le blaſon; j'en veux tenir école :
Comme ſi devers l'Inde on euſt eu dans l'eſprit
La ſotte vanité de ce jargon frivole.
Le Pâtre dit : Amis, vous parlez bien; mais quoy,
Le mois a trente jours, juſqu'à cette écheance
  Jeuſnerons-nous par voſtre foy?

Vous me donnez une efperance
Belle, mais éloignée; & cependant j'ay faim.
Qui pourvoira de nous au dîner de demain ?
　　Ou plûtoft fur quelle affurance
Fondez-vous, dites-moy, le fouper d'aujourd'huy?
　　Avant tout autre c'eft celuy
　　Dont il s'agit : voftre fcience
Eft courte là-deffus; ma main y fupplêra.
　　A ces mots le Pâtre s'en va
Dans un bois : il y fit des fagots dont la vente,
Pendant cette journée & pendant la fuivante,
Empefcha qu'un long jeufne à la fin ne fift tant
Qu'ils allaffent là bas exercer leur talent.
　　Je conclus de cette avanture,
Qu'il ne faut pas tant d'art pour conferver fes jours;
　　Et grace aux dons de la nature,
La main eft le plus feur & le plus prompt fecours.

LIVRE ONZIÈME

I

LE LION

Sultan Leopard autresfois
     Eut, ce dit-on, par mainte aubeine,
Force bœufs dans fes prez, force Cerfs dans fes bois,
     Force moutons parmi la plaine.
Il naquit un Lion dans la foreſt prochaine.
Apres les complimens & d'une & d'autre part,
     Comme entre grands il fe pratique,
Le Sultan fit venir fon Vifir le Renard,
     Vieux routier & bon politique.
Tu crains, ce luy dit-il, Lionceau mon voifin :

   Son pere eſt mort, que peut-il faire ?
   Plains plûtoſt le pauvre orphelin.
   Il a chez luy plus d'une affaire ;
   Et devra beaucoup au deſtin
S'il garde ce qu'il a ſans tenter de conqueſte.
   Le Renard dit branlant la teſte :
Tels orphelins, Seigneur, ne me font point pitié :
Il faut de celuy-cy conſerver l'amitié,
   Ou s'efforcer de le détruire,
   Avant que la griffe & la dent
Luy ſoit cruë, et qu'il ſoit en eſtat de nous nuire :
   N'y perdez pas un seul moment.
J'ay fait ſon horoſcope : il croiſtra par la guerre.
   Ce ſera le meilleur Lion
   Pour ſes amis qui ſoit ſur terre,
   Tafchez donc d'en eſtre, ſinon
Taſchez de l'affoiblir. La harangue fut vaine.
Le Sultan dormoit lors ; & dedans ſon domaine
Chacun dormoit auſſi, beſtes, gens ; tant qu'enfin
Le Lionceau devient vray Lion. Le tocſin
Sonne auſſi-toſt ſur luy ; l'alarme ſe promeine
   De toutes parts ; & le Viſir
Conſulté là-deſſus dit avec un ſoûpir :
Pourquoy l'irritez-vous ? la choſe eſt ſans remede.
En vain nous appellons mille gens à noſtre ayde.
Plus ils ſont, plus il coûte ; & je ne les tiens bons
   Qu'à manger leur part des moutons.
Appaiſez le Lion : ſeul il paſſe en puiſſance
Ce monde d'alliez vivans ſur noſtre bien :

Le Lion en a trois qui ne luy coûtent rien,
Son courage, fa force, avec fa vigilance.
Jettez-luy promptement fous la griffe un mouton :
S'il n'en eft pas content jettez en davantage.
Joignez-y quelque bœuf : choififfez pour ce don
      Tout le plus gras du pafturage.
Sauvez le refte ainsi. Ce confeil ne plut pas,
    Il en prit mal, & force états
    Voifins du Sultan en pâtirent :
    Nul n'y gagna ; tous y perdirent.
    Quoy que fift ce monde ennemi,
    Celuy qu'ils craignoient fut le maiftre.
Propofez-vous d'avoir le Lion pour ami
      Si vous voulez le laiffer craiftre.

II

POVR MONSEIGNEUR

LE DUC DU MAYNE

Iupiter eut un fils qui fe fentant du lieu
   Dont il tiroit fon origine
   Avoit l'ame toute divine.
L'enfance n'aime rien : celle du jeune Dieu
   Faifoit fa principale affaire
   Des doux foins d'aimer & de plaire.
   En luy l'amour & la raifon
Devancerent le temps, dont les aîles legeres
N'amenent que trop-toft, helas ! chaque faifon.
Flore aux regards riants, aux charmantes manieres,

Toucha d'abord le cœur du jeune Olimpien.
Ce que la paffion peut infpirer d'adreffe,
Sentimens délicats & remplis de tendreffe,
Pleurs, foûpirs, tout en fut : bref il n'oublia rien.
Le fils de Jupiter devoit par fa naiffance
Avoir un autre efprit & d'autres dons des Cieux,
  Que les enfans des autres Dieux.
Il fembloit qu'il n'agift que par réminifcence,
Et qu'il euft autresfois fait le métier d'amant,
  Tant il le fit parfaitement.
Jupiter cependant voulut le faire inftruire.
Il affembla les Dieux, & dit : J'ay fceu conduire
Seul & fans compagnon jufqu'ici l'Univers :
  Mais il eft des emplois divers
  Qu'aux nouveaux Dieux je diftribuë.
Sur cét enfant cheri j'ay donc jetté la veuë.
C'eft mon fang : tout eft plein déja de fes Autels.
Afin de mériter le rang des immortels,
Il faut qu'il fçache tout. Le maiftre du Tonnerre
Eut à peine achevé que chacun applaudit.
Pour fçavoir tout, l'enfant n'avoit que trop d'efprit.
  Je veux, dit le Dieu de la guerre,
  Luy monftrer moy-mefme cét art
  Par qui maints Heros ont eu part
Aux honneurs de l'Olimpe, & groffi cét empire.
  Je feray fon maiftre de lyre,
  Dit le blond & docte Apollon.
Et moy, reprit Hercule à la peau de Lion,
  Son maiftre à furmonter les vices,

A dompter les tranſports, monſtres empoiſonneurs,
Comme Hydres renaiſſans ſans ceſſe dans les cœurs.
  Ennemi des molles délices,
Il apprendra de moy les ſentiers peu battus
Qui meinent aux honneurs ſur les pas des vertus.
  Quand ce vint au Dieu de Cythere,
  Il dit qu'il luy monſtreroit tout.
L'amour avoit raiſon : dequoy ne vient à bout
  L'eſprit joint au deſir de plaire ?

III

LE FERMIER, LE CHIEN, ET LE RENARD

Le Loup & le Renard font d'étranges voifins :
Je ne baftiray point autour de leur demeure.
   Ce dernier guetoit à toute heure
Les poules d'un Fermier; & quoy que des plus fins.
Il n'avoit pû donner d'atteinte à la volaille.
D'une part l'appetit, de l'autre le danger,
N'eftoient pas au compere un embarras leger.
   Hé quoy, dit-il, cette canaille
   Se moque impunément de moy?
   Je vais, je viens, je me travaille,
J'imagine cent tours; le ruftre en paix chez foy
Vous fait argent de tout, convertit en monnoye,
Ses chapons, fa poulaille; il en a mefme au croc :
Et moy maiftre paffé, quand j'attrape un vieux coq,

   Je fuis au comble de la joye !
Pourquoy fire Jupin m'a-t'il donc appellé
Au métier de Renard ? je jure les puiffances
De l'Olimpe & du Stix, il en fera parlé.
   Roulant en fon cœur ces vengeances,
Il choifit une nuit liberale en pavots :
Chacun eftoit plongé dans un profond repos ;
Le Maiftre du logis, les valets, le chien mefme,
Poules, poulets, chapons, tout dormoit. Le Fermier,
   Laiffant ouvert fon poulailler,
   Commit une fottife extrême.
Le voleur tourne tant qu'il entre au lieu guetté ;
Le dépeuple, remplit de meurtres la cité :
   Les marques de fa cruauté,
Parurent avec l'Aube : on vid un étalage
   De corps fanglans, & de carnage.
   Peu s'en falut que le Soleil
Ne rebrouffaft d'horreur vers le manoir liquide.
   Tel, & d'un fpectacle pareil,
Apollon irrité contre le fier Atride
Joncha fon camp de morts : on vid prefque détruit
L'oft des Grecs, & ce fut l'ouvrage d'une nuit.
   Tel encore autour de fa tente
   Ajax à l'ame impatiente,
De moutons, & de boucs fit un vafte débris,
Croyant tuer en eux fon concurrent Uliffe,
   Et les autheurs de l'injuftice
   Par qui l'autre emporta le prix.
Le Renard autre Ajax aux volailles funefte,

Emporte ce qu'il peut, laiffe étendu le refte.
Le Maiftre ne trouva de recours qu'à crier
Contre fes gens, fon chien, c'eft l'ordinaire ufage.
Ah maudit animal qui n'es bon qu'à noyer,
Que n'avertiffois-tu dés l'abord du carnage ?
Que ne l'évitiez-vous ? ç'euft efté plûtoft fait.
Si vous Maiftre & Fermier à qui touche le fait,
Dormez fans avoir foin que la porte foit clofe,
Voulez-vous que moy chien qui n'ay rien à la chofe,
Sans aucun intereft je perde le repos ?
  Ce chien parloit tres-apropos :
  Son raifonnement pouvoit eftre
  Fort bon dans la bouche d'un Maiftre ;
  Mais n'eftant que d'un fimple chien,
  On trouva qu'il ne valoit rien.
  On vous fangla le pauvre drille.
Toy donc, qui que tu fois, ô pere de famille,
(Et je ne t'ay jamais envié cét honneur,)
T'attendre aux yeux d'autruy, quand tu dors, c'eft erreur.
Couche-toy le dernier, & voy fermer ta porte.
  Que fi quelque affaire t'importe,
  Ne la fais point par procureur.

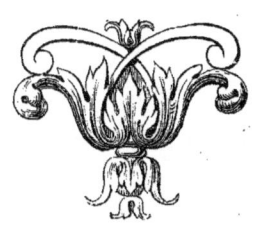

IV

LE SONGE D'UN HABITANT DU MOGOL

Jadis certain Mogol vid en fonge un Vizir,
Aux champs Elifiens poffeffeur d'un plaifir,
Auffi pur qu'infini, tant en prix qu'en durée ;
Le mefme fongeur vid en une autre contrée
   Un Hermite entouré de feux,
Qui touchoit de pitié mefme les mal-heureux.
Le cas parut étrange, & contre l'ordinaire,
Minos en ces deux morts fembloit s'eftre mépris.

Le dormeur s'éveilla tant il en fut furpris.
Dans ce fonge pourtant foupçonnant du myftere,
  Il fe fit expliquer l'affaire.
L'interprete luy dit : Ne vous étonnez point,
Voftre fonge a du fens, & fi j'ay fur ce poinct
  Acquis tant foit peu d'habitude,
C'eft un avis des Dieux. Pendant l'humain féjour
Ce Vizir quelquesfois cherchoit la folitude ;
Cét Hermite aux Vizirs alloit faire fa cour.

Si j'ofois ajoûter au mot de l'interprete,
J'infpirerois icy l'amour de la retraite ;
Elle offre à fes amans des biens fans embarras,
Bien purs, prefens du Ciel, qui naiffent fous les pas.
Solitude où je trouve une douceur fecrete,
Lieux que j'aimay toujours, ne pourray-je jamais,
Loin du monde & du bruit goûter l'ombre & le frais ?
O qui m'arreftera fous vos fombres aziles !
Quand pourront les neuf Sœurs, loin des cours & des Villes,
M'occuper tout entier, & m'apprendre des Cieux
Les divers mouvemens inconnus à nos yeux,
Les noms & les vertus de ces clartez errantes,
Par qui font nos deftins & nos mœurs differentes ?
Que fi je ne fuis né pour de fi grands projets,
Du moins que les ruiffeaux m'offrent de doux objets !
Que je peigne en mes Vers quelque rive fleurie !
La Parque à filets d'or n'ourdira point ma vie ;
Je ne dormiray point fous de riches lambris.
Mais void-on que le fomme en perde de fon prix ?

En eſt-il moins profond, & moins plein de délices?
Je luy vouë au deſert de nouveaux ſacrifices.
Quand le moment viendra d'aller trouver les morts,
J'auray veſcu ſans ſoins, & mourray ſans remords.

A. Deherre, sc. Imp. A. Quantin.

V

LE LION, LE SINGE, ET LES DEUX ASNES

Le Lion, pour bien gouverner,
    Voulant apprendre la morale,
    Se fit un beau jour amener
Le Singe maiftre es arts chez la gent animale.
La premiere leçon que donna le Regent,
Fut celle-cy : Grand Roy, pour regner fagement,
    Il faut que tout Prince prefere
Le zele de l'Eftat à certain mouvement,
    Qu'on appelle communément
    Amour propre ; car c'eft le pere,

C'eſt l'autheur de tous les défauts,
Que l'on remarque aux animaux.
Vouloir que de tout poinct ce ſentiment vous quitte,
Ce n'eſt pas choſe ſi petite
Qu'on en vienne à bout en un jour :
C'eſt beaucoup de pouvoir moderer cét amour.
Par là voſtre perſonne auguſte
N'admettra jamais rien en ſoy
De ridicule ny d'injuſte.
Donne moy, repartit le Roy,
Des exemples de l'un & l'autre.
Toute eſpece, dit le Docteur,
(Et je commence par la noſtre)
Toute profeſſion s'eſtime dans ſon cœur,
Traite les autres d'ignorantes,
Les qualifie impertinentes,
Et ſemblables diſcours qui ne nous coûtent rien.
L'amour propre au rebours, fait qu'au degré ſuprême
On porte ſes pareils ; car c'eſt un bon moyen
De s'élever auſſi ſoy-meſme.
De tout ce que deſſus j'argumente tres-bien,
Qu'icy bas maint talent n'eſt que pure grimace,
Cabale, & certain art de ſe faire valoir,
Mieux ſçeu des ignorans, que des gens de ſçavoir.
L'autre jour ſuivant à la trace
Deux Aſnes qui prenant tour à tour l'encenſoir
Se loüoient tour à tour, comme c'eſt la maniere ;
J'oüis que l'un des deux diſoit à ſon confrere :
Seigneur, trouvez-vous pas bien injuſte & bien ſot

L'homme cét animal fi parfait? il profâne
   Noftre augufte nom, traitant d'Afne
Quiconque eft ignorant, d'efprit lourd, idiot :
   Il abufe encore d'un mot,
Et traite noftre rire, & nos difcours de braire.
Les humains font plaifans de pretendre exceller
Par deffus nous ; non, non ; c'eft à vous de parler,
   A leurs Orateurs de fe taire.
Voilà les vrays braillards ; mais laiffons-là ces gens ;
   Vous m'entendez, je vous entends :
   Il fuffit : & quant aux merveilles,
Dont voftre divin chant vient frapper les oreilles,
Philomele eft au prix novice dans cét Art :
Vous furpaffez Lambert. L'autre baudet repart :
Seigneur, j'admire en vous des qualitez pareilles.
Ces Afnes non contens de s'eftre ainfi gratez,
   S'en allerent dans les Citez
L'un l'autre fe profner. Chacun d'eux croyoit faire
En prifant fes pareils une fort bonne affaire,
Pretendant que l'honneur en reviendroit fur luy.
   J'en connois beaucoup aujourd'huy,
Non parmy les baudets, mais parmy les puiffances
Que le Ciel voulut mettre en de plus hauts degrez,
Qui changeroient entre eux les fimples excellences,
   S'ils ofoient en des majeftez.
J'en dis peut-eftre plus qu'il ne faut, & fuppofe
Que voftre majefté gardera le secret.
Elle avoit foûhaité d'apprendre quelque trait
   Qui luy fift voir entre autre chofe

L'amour propre, donnant du ridicule aux gens.
L'injuſte aura ſon tour : il y faut plus de temps.
Ainſi parla ce Singe. On ne m'a pas ſçeu dire
S'il traita l'autre poinct ; car il eſt délicat ;
Et noſtre maiſtre es Arts qui n'eſtoit pas un fat
Regardoit ce Lion comme un terrible ſire.

VI

LE LOUP, ET LE RENARD

Mais d'où vient qu'au Renard Esope accorde un poinct?
C'est d'exceller en tours pleins de matoiserie.
J'en cherche la raison, & ne la trouve point.
Quand le Loup a besoin de defendre sa vie,
  Ou d'attaquer celle d'autruy,
  N'en sçait-il pas autant que luy?
Je crois qu'il en sçait plus, & j'oserois peut-estre
Avec quelque raison contredire mon maistre.
Voicy pourtant un cas où tout l'honneur échût
A l'hoste des terriers. Un soir il apperçeut

La lune au fond d'un puits : l'orbiculaire image
    Luy parut un ample fromage.
    Deux fceaux alternativement
    Puifoient le liquide élement.
Noftre Renard preffé par une faim canine,
S'accommode en celuy qu'au haut de la machine
    L'autre fceau tenoit fufpendu.
    Voilà l'animal defcendu,
    Tiré d'erreur ; mais fort en peine,
    Et voyant fa perte prochaine.
Car comment remonter fi quelque autre affamé
    De la mefme image charmé,
    Et fuccedant à fa mifere
Par le mefme chemin ne le tiroit d'affaire ?
Deux jours s'eftoient paffez fans qu'aucun vinft au puits ;
Le temps qui toûjours marche avoit pendant deux nuits
    Echancré felon l'ordinaire
De l'aftre au front d'argent la face circulaire.
    Sire Renard eftoit defefperé.
    Compere Loup, le gofier alteré,
    Paffe par là : l'autre dit ; Camarade,
Je vous veux régaler ; voyez-vous cét objet ?
C'eft un fromage exquis. Le Dieu Faune l'a fait,
    La vache Io donna le laict.
    Jupiter, s'il eftoit malade,
Reprendroit l'appetit en taftant d'un tel mets.
    J'en ay mangé cette échancrure,
Le refte vous fera fuffifante pafture.
Defcendez dans un fceau que j'ay là mis exprés.

Bien qu'au moins mal qu'il puſt il ajuſtaſt l'hiſtoire,
  Le Loup fut un fot de le croire :
Il deſcend, & ſon poids emportant l'autre part,
  Reguinde en haut maiſtre Renard.
Ne nous en mocquons point : nous nous laiſſons ſéduire
  . Sur auſſi peu de fondement ;
  · Et chacun croit fort aiſément
  Ce qu'il craint, & ce qu'il deſire.

VII

LE PAÏSAN DU DANUBE

Il ne faut point juger des gens fur l'apparence.
Le confeil en est bon ; mais il n'eft pas nouveau.
   Jadis l'erreur du Souriceau
Me fervit à prouver le difcours que j'avance.
   J'ay pour le fonder à prefent
Le bon Socrate, Efope, & certain Païfan
Des rives du Danube, homme dont Marc-Aurele
   Nous fait un portrait fort fidele.
On connoift les premiers ; quant à l'autre, voicy
   Le perfonnage en raccourci.
Son menton nourriffoit une barbe touffuë,
   Toute sa perfonne veluë
Reprefentoit un Ours, mais un Ours mal leché.

Sous un fourcil épais il avoit l'œil caché,
Le regard de travers, nez tortu, groffe levre,
  Portoit fayon de poil de chevre,
  Et ceinture de joncs marins.
Cét homme ainfi bafty fut deputé des Villes
Que lave le Danube : il n'eftoit point d'aziles,
  Où l'avarice des Romains
Ne penetraft alors, & ne portaft les mains.
Le deputé vint donc, & fit cette harangue,
Romains, & vous Senat affis pour m'écoûter,
Je fupplie avant tout les Dieux de m'affifter :
Veüillent les immortels conducteurs de ma langue
Que je ne dife rien qui doive eftre repris.
Sans leur ayde il ne peut entrer dans les efprits,
  Que tout mal & toute injuftice :
Faute d'y recourir on viole leurs loix.
Témoin nous que punit la Romaine avarice :
Rome eft par nos forfaits, plus que par fes exploits,
  L'inftrument de noftre fupplice.
Craignez Romains, craignez, que le Ciel quelque jour
Ne tranfporte chez vous les pleurs & la mifere,
Et mettant en nos mains par un jufte retour
Les armes dont fe fert fa vengeance fevere,
  Il ne vous faffe en sa colere
  Nos efclaves à voftre tour.
Et pourquoy fommes nous les voftres ? qu'on me die
En quoy vous valez mieux que cent peuples divers ?
Quel droit vous a rendus maiftres de l'Univers ?
Pourquoy venir troubler une innocente vie ?

Nous cultivions en paix d'heureux champs, & nos mains
Eſtoient propres aux Arts, ainſi qu'au labourage :
   Qu'avez-vous appris aux Germains ?
   Ils ont l'adreſſe et le courage :
   S'ils avoient eu l'avidité,
   Comme vous, & la violence,
Peut eſtre en voſtre place ils auroient la puiſſance,
Et ſçauroient en uſer ſans inhumanité.
Celle que vos Preteurs ont ſur nous exercée
   N'entre qu'à peine en la penſée.
   La majeſté de vos Autels
   Elle meſme en eſt offenſée :
   Car ſçachez que les immortels
Ont les regards ſur nous. Graces à vos exemples,
Ils n'ont devant les yeux que des objets d'horreur,
   De mépris d'eux, & de leurs Temples,
D'avarice qui va juſques à la fureur.
Rien ne ſuffit aux gens qui nous viennent de Rome ;
   La terre, & le travail de l'homme
Font pour les aſſouvir des efforts ſuperflus.
   Retirez les ; on ne veut plus
   Cultiver pour eux les campagnes ;
Nous quittons les Citez, nous fuyons aux montagnes,
   Nous laiſſons nos cheres compagnes.
Nous ne converſons plus qu'avec des Ours affreux,
Découragez de mettre au jour des malheureux,
Et de peupler pour Rome un païs qu'elle opprime.
   Quant à nos enfants déja nez.
Nous ſoûhaitons de voir leurs jours bientoſt bornez :

Vos Preteurs au mal-heur nous font joindre le crime.
 Retirez-les, ils ne nous apprendront
  Que la molleſſe, & que le vice.
 Les Germains comme eux deviendront
  Gens de rapine & d'avarice.
C'eſt tout ce que j'ay veu dans Rome à mon abord :
 N'a-t-on point de preſent à faire ?
Point de pourpre à donner ? c'eſt en vain qu'on eſpere
Quelque refuge aux lois : encor leur miniſtere
A-t'il mille longueurs. Ce diſcours un peu fort
  Doit commencer à vous déplaire.
  Je finis. Puniſſez de mort
  Une plainte un peu trop ſincere.
A ces mots il ſe couche, & chacun étonné
Admire le grand cœur, le bon ſens, l'éloquence
  Du ſauvage ainſi proſterné.
On le créa Patrice ; & ce fut la vengeance,
Qu'on crut qu'un tel diſcours méritoit. On choiſit
  D'autres Preteurs, & par écrit
Le Senat demanda ce qu'avoit dit cét homme,
Pour ſervir de modele aux parleurs à venir.
  On ne ſçeut pas long-temps à Rome
  Cette éloquence entretenir.

VIII

LE VIEILLARD,
ET LES TROIS JEUNES HOMMES

Vn octogenaire plantoit.
Paſſe encor de baſtir; mais planter à cét âge!
Diſoient trois jouvenceaux enfans du voiſinage,
  Aſſurément il radotoit.
  Car au nom des Dieux, je vous prie,
Quel fruict de ce labeur pouvez-vous recüeillir
Autant qu'un Patriarche il vous faudroit vieillir.
  A quoy bon charger voſtre vie
Des ſoins d'un avenir qui n'eſt pas fait pour vous?
Ne ſongez deſormais qu'à vos erreurs paſſées :
Quittez le long eſpoir, & les vaſtes penſées;
  Tout cela ne convient qu'à nous.
  Il ne convient pas à vous meſmes,

Repartit le Vieillard. Tout établiſſement
Vient tard & dure peu. La main des Parques bleſmes
De vos jours, & des miens ſe joüe également.
Nos termes ſont pareils par leur courte durée.
Qui de nous des clartez de la voûte azurée
Doit joüir le dernier? Eſt-il aucun moment
Qui vous puiſſe aſſurer d'un ſecond ſeulement?
Mes arriere-neveux me devront cét ombrage :
   Hé bien défendez-vous au Sage
De ſe donner des ſoins pour le plaiſir d'autruy?
Cela meſme eſt un fruit que je gouſte aujourd'huy :
J'en puis joüir demain, & quelques jours encore :
   Je puis enfin compter l'Aurore
   Plus d'une fois ſur vos tombeaux.
Le Vieillard eut raiſon ; l'un des trois jouvenceaux
Se noya dés le port allant à l'Amerique.
L'autre afin de monter aux grandes dignitez,
Dans les emplois de Mars ſervant la Republique,
Par un coup imprévu vid ſes jours emportez.
   Le troiſiéme tomba d'un arbre
   Que luy-meſme il voulut enter :
Et pleurez du Vieillard, il grava ſur leur marbre
   Ce que je viens de raconter.

IX

LES SOURIS, ET LE CHAT-HUANT

Il ne faut jamais dire aux gens,
Ecoûtez un bon mot, oyez une merveille.
　　Sçavez-vous ſi les écoûtans
En feront une eſtime à la voſtre pareille ?
Voicy pourtant un cas qui peut eſtre excepté.
Je le maintiens prodige, & tel que d'une Fable,
Il a l'air & les traits, encor que veritable.
On abattit un pin pour ſon antiquité,
Vieux Palais d'un hibou, triſte & ſombre retraite
De l'oiſeau qu'Atropos prend pour ſon interprete

Dans fon tronc caverneux, & miné par le temps
   Logeoient entre autres habitans
Force fouris fans pieds, toutes rondes de graiffe.
L'oyfeau les nouriffoit parmy des tas de bled,
Et de fon bec avoit leur troupeau mutilé;
Cét Oyfeau raifonnoit. Il faut qu'on le confeffe.
En fon temps aux Souris le compagnon chaffa.
Les premieres qu'il prit du logis échapées,
Pour y remedier, le drôle eftropia
Tout ce qu'il prit en fuite. Et leurs jambes coupées
Firent qu'il les mangeoit à fa commodité,
   Aujourd'huy l'une, & demain l'autre.
Tout manger à la fois, l'impoffibilité
S'y trouvoit, joint auffi le foin de fa fanté.
Sa prévoyance alloit auffi loin que la noftre;
   Elle alloit jufqu'à leur porter
   Vivres & grains pour fubfifter.
   Puis, qu'un Cartefien s'obftine
A traiter ce hibou de montre, & de machine,
   Quel reffort luy pouvoit donner
Le confeil de tronquer un peuple mis en muë?
   Si ce n'eft pas là raifonner,
   La raifon m'eft chofe inconnuë.
   Voyez que d'argumens il fit.
   Quand ce peuple eft pris il s'enfuit :
Donc il faut le croquer auffi-toft qu'on le hape.
Tout; il eft impoffible. Et puis pour le befoin
N'en dois-je pas garder? donc il faut avoir foin
   De le nourrir fans qu'il échape.

Mais comment? oftons luy les pieds. Or trouvez moy
Chofe par les humains à fa fin mieux conduite.
Quel autre art de penfer Ariftote & fa fuite
    Enfeignent-ils par voftre foy?

    Cecy n'eft point une Fable, & la chofe quoy que merveilleufe & prefque incroyable, eft veritablement arrivée. J'ay peut eftre porté trop loin la prévoyance de ce hibou; car je ne pretends pas établir dans les beftes un progrés de raifonnement tel que celuy-cy; mais ces exagerations font permifes à la Poëfie, fur tout dans la maniere d'écrire dont je me fers.

EPILOGUE

C'est ainfi que ma Mufe, aux bords d'une onde pure,
    Traduifoit en langue des Dieux,
    Tout ce que difent fous les Cieux
Tant d'eftres empruntans la voix de la nature.
    Trucheman de peuples divers
Je les faifois fervir d'Acteurs en mon Ouvrage :
    Car tout parle dans l'Univers ;
    Il n'eft rien qui n'ait fon langage.
Plus éloquens chez-eux qu'ils ne font dans mes Vers,
Si ceux que j'introduis me trouvent peu fidele,

Si mon œuvre n'eſt pas un aſſez bon modele,
J'ay du moins ouvert le chemin :
D'autres pourront y mettre une derniere main.
Favoris des neuf Sœurs achevez l'entrepriſe :
Donnez mainte leçon que j'ay ſans doute omiſe :
Sous ces inventions il faut l'envelopper :
Mais vous n'avez que trop dequoy vous occuper :
Pendant le doux employ de ma Muſe innocente,
Loüis dompte l'Europe, & d'une main puiſſante
Il conduit à leur fin les plus nobles projets
Qu'ait jamais formez un Monarque.
Favoris des neuf Sœurs, ce ſont-là des ſujets
Vainqueurs du temps & de la Parque.

LIVRE DOUZIÈME

A MONSEIGNEUR

LE DUC DE BOURGOGNE

Monseigneur,

E *ne puis emploïer pour mes Fables de Protection qui me soit plus glorieuse que la vôtre. Ce goût exquis, & ce jugement si solide que vous faites paroître dans toutes choses au delà d'un âge où à peine les autres Princes sont-ils touchez de ce qui les environne avec le plus d'éclat; tout cela joint au devoir de vous obeïr & à la passion de vous plaire, m'a obligé de vous presenter un Ouvrage dont l'Original a été l'admiration de tous les siecles, aussi-bien que celle de tous les Sages. Vous m'avez même ordonné de*

continuer; & si vous me permettez de le dire, il y a des sujets dont je vous suis redevable, & où vous avez jetté des graces qui ont été admirées de tout le monde. Nous n'avons plus besoin de consulter ni Apollon, ni les Muses, ni aucune des Divinitez du Parnasse. Elles se rencontrent toutes dans les presens que vous a faits la Nature, & dans cette science de bien juger des Ouvrages de l'esprit, à quoi vous joignez déja celle de connoître toutes les regles qui y conviennent. Les Fables d'Esope sont une ample matiere pour ces talens. Elles embrassent toutes sortes d'évenemens & de caracteres. Ces mensonges sont proprement une maniere d'Histoire, où on ne flate personne. Ce ne sont pas choses de peu d'importance que ces sujets. Les Animaux sont les Precepteurs des Hommes dans mon Ouvrage. Je ne m'étendrai pas davantage là-dessus; vous voïez mieux que moi le profit qu'on en peut tirer. Si vous vous connoissez maintenant en Orateurs & en Poëtes, Vous vous connoîtrez encore mieux quelque jour en bons Politiques & en bons Generaux d'Armée; & Vous vous tromperez aussi peu au choix des Personnes qu'au mérite des Actions. Je ne suis pas d'un âge à esperer d'en être témoin. Il faut que je me contente de travailler sous vos ordres. L'envie de vous plaire me tiendra lieu d'une imagination que les ans ont affoiblie. Quand vous souhaiterez quelque Fable, je la trouverai dans ce fonds-là. Je voudrois bien que vous y puſſiez trouver des loüanges dignes du Monarque qui fait maintenant le deſtin de tant de Peuples & de Nations, & qui rend toutes les parties du Monde attentives à ſes Conquêtes, à ſes Victoires, & à la Paix qui ſemble ſe rapprocher, & dont il impoſe les conditions avec toute la moderation que peuvent ſouhaiter nos Ennemis. Je me le figure comme un Conquerant qui veut mettre des bornes à ſa Gloire & à ſa Puiſſance, & de qui on pourroit dire à meilleur titre qu'on ne l'a dit d'Alexandre; Qu'il va tenir les Etats de l'Vnivers, en obligeant les Miniſtres de tant de Princes de s'aſſembler, pour terminer une guerre qui ne peut être que ruineuſe à leurs Maîtres. Ce ſont des ſujets au-deſſus de nos paroles: Je les laiſſe à de meilleures Plumes que la mienne; & ſuis avec un profond reſpect,

MONSEIGNEUR,

*Vôtre tres-humble, tres-obéïſſant
& tres-fidele Serviteur,*

DE LA FONTAINE.

I

LES COMPAGNONS D'ULISSE

A MONSEIGNEUR
LE DUC DE BOURGOGNE

PRINCE, l'unique objet du foin des Immortels,
Souffrez que mon encens parfume vos Autels.
Je vous offre un peu tard ces Prefens de ma Mufe;
Les ans & les travaux me ferviront d'excufe :
Mon efprit diminuë, au lieu qu'à chaque inftant
On apperçoit le vôtre aller en augmentant.
Il ne va pas, il court, il femble avoir des aîles :
Le Heros dont il tient des qualitez fi belles,
Dans le métier de Mars brûle d'en faire autant;
Il ne tient pas à luy que forçant la Victoire

Il ne marche à pas de géant
Dans la carriere de la Gloire.
Quelque Dieu le retient; c'eſt nôtre Souverain,
Lui qu'un mois a rendu maître & vainqueur du Rhin.
Cette rapidité fut alors neceſſaire :
Peut-être elle feroit aujourd'hui temeraire.
Je m'en tais; auſſi-bien les Ris & les Amours
Ne font pas foupçonnez d'aimer les longs difcours.
De ces fortes de Dieux vôtre Cour fe compofe.
Ils ne vous quittent point. Ce n'eſt pas qu'apres tout
D'autres Divinitez n'y tiennent le haut bout;
Le fens & la raifon y reglent toute chofe.
Confultez ces derniers fur un fait où les Grecs,
  Imprudens & peu circonfpects,
  S'abandonnerent à des charmes
Qui métamorphofoient en bêtes les humains.
Les Compagnons d'Uliſſe, apres dix ans d'alarmes,
Erroient au gré du vent, de leur fort incertains.
  Ils aborderent un rivage
  Où la fille du Dieu du Jour,
  Circé, tenoit alors fa Cour.
  Elle leur fit prendre un breuvage
Délicieux, mais plein d'un funeſte poifon.
  D'abord ils perdent la raifon :
Quelques momens apres leur corps & leur vifage
Prennent l'air & les traits d'animaux differens.
Les voilà devenus Ours, Lions, Elephans;
  Les uns fous une maſſe énorme,
  Les autres fous une autre forme :

Il s'en vid de petits, *exemplum ut Talpa;*
      Le feul Uliffe en échappa.
Il fçut fe défier de la liqueur traîtreffe.
      Comme il joignoit à la fageffe
La mine d'un Heros & le doux entretien,
      Il fit tant que l'Enchantereffe
Prit un autre poifon peu different du fien.
Une Déeffe dit tout ce qu'elle a dans l'ame;
      Celle-cy déclara fa flâme.
Uliffe étoit trop fin pour ne pas profiter
      D'une pareille conjonéture.
Il obtint qu'on rendroit à ces Grecs leur figure.
Mais la voudront-ils bien, dit la Nymphe, accepter?
Allez le propofer de ce pas à la troupe.
Uliffe y court, & dit : l'Empoifonneufe coupe
A fon remede encore, & je viens vous l'offrir :
Chers amis, voulez-vous hommes redevenir?
      On vous rend déja la parole.
      Le Lion dit, penfant rugir,
      Je n'ai pas la tête fi folle.
Moi renoncer aux dons que je viens d'acquerir?
J'ai griffe & dent, & mets en pieces qui m'attaque :
Je fuis Roi, deviendrai-je un Citadin d'Itaque?
Tu me rendras peut-être encor fimple Soldat :
      Je ne veux point changer d'état.
Uliffe du Lion court à l'Ours : Eh, mon frere,
Comme te voilà fait! je t'ai vû fi joli.
      Ah vraiment nous y voici,
      Reprit l'Ours à fa maniere;

Comme me voilà fait! Comme doit être un Ours.
Qui t'a dit qu'une forme eft plus belle qu'une autre?
 Eft-ce à la tienne à juger de la nôtre?
Je me rapporte aux yeux d'une Ourfe mes amours.
Te déplais-je? va-t'en, fui ta route & me laiffe :
Je vis libre, content, fans nul foin qui me preffe;
  Et te dis tout net & tout plat,
  Je ne veux point changer d'état.
Le Prince Grec au Loup va propofer l'affaire;
Il lui dit, au hazard d'un femblable refus :
  Camarade, je fuis confus
  Qu'une jeune & belle Bergere
 Conte aux échos les appetits gloutons
  Qui t'ont fait manger fes moutons.
Autrefois on t'eût vû fauver fa bergerie :
  Tu menois une honnefte vie.
  Quite ces bois, & redevien
  Au lieu de Loup Homme de bien.
En eft-il, dit le Loup? Pour moi je n'en voi guere.
Tu t'en viens me traiter de bête carnaciere :
Toi qui parles, qu'es-tu? N'auriez-vous pas fans moi
Mangé ces animaux que plaint tout le Village?
  Si j'étois Homme, par ta foi,
  Aimerois-je moins le carnage?
Pour un mot quelquefois vous vous étranglez tous;
Ne vous êtes-vous pas l'un à l'autre des Loups?
Tout bien confideré, je te foûtiens en fomme,
  Que fcelerat pour fcelerat,
  Il vaut mieux être un Loup qu'un Homme;

Je ne veux point changer d'état.
Uliſſe fit à tous une même ſemonce;
Chacun d'eux fit même réponce;
Autant le grand que le petit.
La liberté, les bois, ſuivre leur apetit,
C'étoit leurs délices ſuprêmes :
Tous renonçoient au lôs des belles actions.
Ils croïoient s'affranchir, ſuivans leurs paſſions;
Ils étoient eſclaves d'eux-mêmes.
Prince, j'aurois voulu vous choiſir un ſujet
Où je puſſe mêler le plaiſant à l'utile :
C'étoit ſans doute un beau projet,
Si ce choix eût été facile.
Les Compagnons d'Uliſſe enfin ſe ſont offerts;
Ils ont force pareils en ce bas Univers;
Gens à qui j'impoſe pour peine
Vôtre cenſure & vôtre haine.

II

LE CHAT ET LES DEUX MOINEAUX

A MONSEIGNEUR

LE DUC DE BOURGOGNE

Vn Chat contemporain d'un fort jeune Moineau
Fut logé prés de lui dés l'âge du berceau.
La Cage & le Panier avoient mêmes Pénates.
Le Chat étoit souvent agacé par l'Oiseau ;
L'un s'escrimoit du bec, l'autre joüoit des pates.
Ce dernier toutefois épargnoit son ami.
    Ne le corrigeant qu'à demi
    Il se fût fait un grand scrupule
    D'armer de pointes sa ferule.
    Le Passereau moins circonspect
    Lui donnoit force coups de bec ;
    En sage & discrette personne
    Maître Chat excusoit ces jeux.

Entre amis il ne faut jamais qu'on s'abandonne
    Aux traits d'un couroux ferieux.
Comme ils fe connoiffoient tous deux dés leur bas âge,
Une longue habitude en paix les maintenoit ;
Jamais en vrai combat le jeu ne fe tournoit.
    Quand un Moineau du voifinage
S'en vint les vifiter, & fe fit compagnon
Du petulant Pierrot, & du fage Raton.
Entre les deux Oifeaux il arriva querelle.
    Et Raton de prendre parti.
Cet inconnu, dit-il, nous la vient donner belle
    D'infulter ainfi nôtre ami ;
Le Moineau du voifin viendra manger le nôtre?
Non, de par tous les Chats. Entrant lors au combat
Il croque l'eftranger : Vraiment, dit maître Chat,
Les Moineaux ont un goût exquis & délicat.
Cette reflexion fit auffi croquer l'autre.
Quelle Morale puis-je inferer de ce fait?
Sans cela toute Fable eft un œuvre imparfait.
J'en croi voir quelques traits; mais leur ombre m'abufe.
Prince, vous les aurez incontinent trouvez :
Ce font des jeux pour vous, & non point pour ma Mufe;
Elle & fes Sœurs n'ont pas l'efprit que vous avez.

III

DU THESAURISEUR ET DU SINGE

Un Homme accumuloit. On fçait que cette erreur
      Va fouvent jufqu'à la fureur.
Celui-ci ne fongeoit que Ducats & Piftoles.
Quand ces biens font oififs, je tiens qu'ils font frivoles.
      Pour feureté de fon Trefor
Nôtre Avare habitoit un lieu dont Amphitrite
Défendoit aux voleurs de toutes parts l'abord.

Là d'une volupté, felon moi fort petite,
Et felon lui fort grande, il entaffoit toûjours.
  Il paffoit les nuits & les jours
A compter, calculer, fupputer fans relâche ;
Calculant, fupputant, comptant comme à la tâche,
Car il trouvoit toûjours du mécompte à fon fait :
Un gros Singe plus fage, à mon fens, que fon maître,
Jettoit quelque Doublon toûjours par la fenêtre,
  Et rendoit le compte imparfait.
  La chambre bien cadenacée
Permettoit de laiffer l'argent fur le comptoir.
Un beau jour Dom-bertrand fe mit dans la penfée
D'en faire un facrifice au liquide manoir.
  Quant à moi, lors que je compare
Les plaifirs de ce Singe à ceux de cet Avare,
Je ne fçai bonnement aufquels donner le prix :
Dom-bertrand gagneroit prés de certains efprits ;
Les raifons en feroient trop longues à déduire.
Un jour donc l'animal, qui ne fongeoit qu'à nuire,
Détachoit du monceau tantôt quelque Doublon,
  Un Jacobus, un Ducaton,
  Et puis quelque Noble à la rofe
Eprouvoit fon adreffe & fa force à jetter
Ces morceaux de métail qui fe font fouhaiter
  Par les humains fur toute chofe.
S'il n'avoit entendu fon Compteur à la fin
  Mettre la clef dans la ferrure,
Les Ducats auroient tous pris le même chemin,
  Et couru la même avanture.

Il les auroit fait tous voler, juſqu'au dernier,
Dans le goufre enrichi par maint & maint naufrage.
Dieu veuille préferver maint & maint Financier
 Qui n'en fait pas meilleur uſage.

IV

LES DEUX CHÉVRES

Dés que les Chévres ont brouté,
  Certain efprit de liberté
Leur fait chercher fortune; elles vont en voïage
  Vers les endroits du pâturage
  Les moins frequentez des humains.
Là s'il eft quelque lieu fans route & fans chemins,
Un rocher, quelque mont pendant en précipices,
C'eft où ces Dames vont promener leurs caprices;
Rien ne peut arrêter cet animal grimpant.
  Deux Chévres donc s'émancipant,
  Toutes deux aïant pate blanche,
Quiterent les bas prez, chacune de fa part.
L'une vers l'autre alloit pour quelque bon hazard.
Un ruiffeau fe rencontre, & pour pont une planche;

A. Delierre, sc.   A. Quantin, Imp. Edit.

Deux Belettes à peine auroient paſſé de front
  Sur ce pont :
D'ailleurs l'onde rapide & le ruiſſeau profond
Devoient faire trembler de peur ces Amazones.
Malgré tant de dangers l'une de ces perſonnes
Poſe un pied ſur la planche, & l'autre en fait autant.
Je m'imagine voir avec Loüis le Grand,
  Philippes Quatre qui s'avance
  Dans l'Iſle de la Conference.
  Ainſi s'avançoient pas à pas,
  Nez à nez nos Avanturieres,
  Qui toutes deux étant fort fieres,
Vers le milieu du pont ne ſe voulurent pas
L'une à l'autre ceder. Elles avoient la gloire
De compter dans leur race (à ce que dit l'Hiſtoire)
L'une certaine Chévre au merite ſans pair
Dont Polypheme fit preſent à Gallatée ;
  Et l'autre la Chévre Amalthée
  Par qui fut nourri Jupiter.
Faute de reculer leur chute fut commune ;
  Toutes deux tomberent dans l'eau.
  Cet accident n'eſt pas nouveau
  Dans le chemin de la Fortune.

A Monseigneur le Duc de Bourgogne, qui avoit demandé a M. de la Fontaine une Fable qui fut nommée le Chat et la Souris.

Pour plaire au jeune Prince à qui la Renommée
    Deſtine un Temple en mes Ecrits,
Comment compoſerai-je une Fable nommée
    Le Chat & la Souris?

Dois-je repreſenter dans ces Vers une Belle,
Qui douce en apparence, & toutefois cruelle,
Va ſe joüant des cœurs que ſes charmes ont pris,
    Comme le Chat de la Souris?

Prendrai-je pour fujet les jeux de la Fortune?
Rien ne lui convient mieux, & c'eft chofe commune
Que de lui voir traiter ceux qu'on croit fes amis,
  Comme le Chat fait la Souris.

Introduirai-je un Roi, qu'entre fes favoris
Elle refpecte feul; Roi qui fixe fa rouë;
Qui n'eft point empêché d'un monde d'Ennemis,
Et qui des plus puiffans quand il luy plaît fe jouë,
  Comme le Chat de la Souris?

Mais infenfiblement, dans le tour que j'ai pris,
Mon deffin fe rencontre; & fi je ne m'abufe
Je pourrois tout gâter par de plus longs recits.
Le Jeune Prince alors fe joûroit de ma Mufe,
  Comme le Chat de la Souris.

V

LE VIEUX CHAT ET LA JEUNE SOURIS

Une jeune fouris de peu d'experience,
Crut fléchir un vieux Chat implorant fa clemence,
Et païant de raifons le Raminagrobis.
    Laiffez-moi vivre; une Souris
    De ma taille & de ma dépenfe
    Eft-elle à charge en ce logis?
    Affamerois-je, à votre avis,
    L'Hôte & l'Hôteffe, & tout leur monde?
    D'un grain de bled je me nourris;
    Une noix me rend toute ronde.

A prefent je fuis maigre; attendez quelque-tems.
Refervez ce repas à Meffieurs vos Enfans.
Ainfi parloit au Chat la Souris attrapée.
   L'autre lui dit : Tu t'es trompée.
Eft-ce à moi que l'on tient de femblables difcours?
Tu gagnerois autant de parler à des fourds.
Chat & vieux pardonner? cela n'arrive gueres.
   Selon ces loix defcends là-bas,
   Meurs, & va-t'en tout de ce pas
   Haranguer les fœurs Filandieres.
Mes Enfans trouveront affez d'autres repas.
   Il tint parole; & pour ma Fable
Voici le fens moral qui peut y convenir.
La jeuneffe fe flatte, & croit tout obtenir.
   La vieilleffe eft impitoïable.

VI

LE CERF MALADE

En païs pleins de Cerfs un Cerf tomba malade.
  Incontinent maint Camarade
Accourt à son grabat le voir, le secourir,
Le consoler du moins; multitude importune.
  Eh! Messieurs, laissez-moi mourir.
  Permettez qu'en forme commune
La parque m'expedie, & finissez vos pleurs.
  Point du tout : Les Consolateurs
De ce triste devoir tout au long s'acquitterent :
  Quant il plut à Dieu s'en allerent.

Ce ne fut pas fans boire un coup,
C'eft-à-dire fans prendre un droit de pâturage.
Tout fe mit à brouter les bois du voifinage.
La pitance du Cerf en déchut de beaucoup.
    Il ne trouva plus rien à frire.
    D'un mal il tomba dans un pire,
    Et fe vid reduit à la fin
    A jeûner & mourir de faim.
    Il en coûte à qui vous reclame,
    Medecins du corps & de l'ame.
    O temps, ô mœurs! J'ai beau crier,
    Tout le monde fe fait païer.

VII

LA CHAUVE-SOURIS, LE BUISSON,

ET LE CANARD

Le Buiffon, le Canard & la Chauve-Souris,
  Voïant tous trois qu'en leur païs
   Ils faifoient petite fortune,
Vont trafiquer au loin, & font bourfe commune.
Ils avoient des Comptoirs, des Facteurs, des Agens,
   Non moins foigneux qu'intelligens,
Des Regiftres exacts de mife & de recette.
  Tout alloit bien, quand leur emplette,

En paſſant par certains endroits
Remplis d'écueils, & fort étroits,
Et de Trajet tres-difficile,
Alla tout embalée au fonds des magaſins,
Qui du Tartare ſont voiſins.
Nôtre Trio pouſſa maint regret inutile,
Ou plutôt il n'en pouſſa point.
Le plus petit Marchand eſt ſçavant ſur ce poinct ;
Pour ſauver ſon credit il faut cacher ſa perte.
Celle que par malheur nos gens avoient ſoufferte
Ne put ſe reparer : le cas fut découvert.
Les voilà ſans credit, ſans argent, ſans reſſource,
Prêts à porter le bonnet vert.
Aucun ne leur ouvrit ſa bourſe,
Et le ſort principal, & les gros interêts,
Et les Sergens, & les procez,
Et le creancier à la porte
Dés devant la pointe du jour,
N'occupoient le Trio qu'à chercher maint détour,
Pour contenter cette cohorte.
Le Buiſſon accrochoit les paſſans à tous coups ;
Meſſieurs, leur diſoit-il, de grace apprenez-nous
En quel lieu ſont les marchandiſes
Que certains gouffres nous ont priſes :
Le plongeon ſous les eaux s'en alloit les chercher.
L'Oiſeau Chauve-Souris n'oſoit plus approcher
Pendant le jour nulle demeure ;
Suivi de Sergens à toute heure
En des trous il s'alloit cacher.

Je connois maint detteur, qui n'eft ni Souris-Chauve,
Ni Buiffon, ni Canard, ni dans tel cas tombé,
Mais fimple grand Seigneur, qui tous les jours fe fauve
　　　Par un efcalier dérobé.

VIII

LA QUERELLE DES CHIENS ET DES CHATS,
ET CELLE DES CHATS ET DES SOURIS

La Difcorde a toûjours regné dans l'Univers ;
Nôtre monde en fournit mille exemples divers.
Chez nous cette Déeffe a plus d'un Tributaire.
   Commençons par les Elemens ;
Vous ferez étonnez de voir qu'à tous momens
   Ils feront appointez contraire.
   Outre ces quatre potentats,
   Combien d'êtres de tous états
   Se font une guerre éternelle?
Autrefois un logis plein de Chiens & de Chats,
Par cent Arrêts rendus en forme folemnelle,

> Vit terminer tous leurs débats.
>
> Le Maître aïant reglé leurs emplois, leurs Repas,
> Et menacé du foüet quiconque auroit querelle,
> Ces animaux vivoient entr'eux comme coufins;
> Cette union fi douce, & prefque fraternelle
> > Edifioit tous les voifins.
>
> Enfin elle ceffa. Quelque plat de potage,
> Quelque os par préférence à quelqu'un d'eux donné,
> Fit que l'autre parti s'en vint tout forcené
> > Reprefenter un tel outrage.
>
> J'ai vû des croniqueurs attribuer le cas
> Aux paffe-droits qu'avoit une chienne en géfine;
> > Quoi-qu'il en foit, cet altercas
> Mit en combuftion la falle & la cuifine;
> Chacun fe déclara pour fon Chat, pour fon Chien.
> On fit un Reglement dont les Chats fe plaignirent,
> > Et tout le quartier étourdirent.
>
> Leur Avocat difoit qu'il faloit bel & bien
> Recourir aux Arrêts. En vain ils les chercherent
> Dans un coin où d'abord leurs Agens les cacherent,
> > Les Souris enfin les mangerent.
>
> Autre procés nouveau : le peuple Souriquois
> En pâtit. Maint vieux Chat, fin, fubtil & narquois,
> Et d'ailleurs en voulant à toute cette race,
> > Les guetta, les prit, fit main baffe.
>
> Le Maître du Logis ne s'en trouva que mieux.
> J'en reviens à mon dire. On ne void fous les Cieux
> Nul animal, nul être, aucune Creature
> Qui n'ait fon oppofé; c'eft la loi de Nature.

D'en chercher la raifon, ce font foins fuperflus.
Dieu fit bien ce qu'il fit, & je n'en fçai pas plus.
 Ce que je fçais, c'eft qu'aux groffes paroles
On en vient fur un rien plus des trois quarts du temps.
Humains, il vous faudroit encore à foixante ans
  Renvoïer chez les Barbacoles.

IX

LE LOUP ET LE RENARD

D'où vient que personne en la vie
N'est satisfait de son état?
Tel voudroit bien être Soldat,
A qui le Soldat porte envie.

Certain Renard voulut, dit-on,
Se faire Loup. Hé qui peut dire
Que pour le métier de Mouton
Jamais aucun Loup ne soupire?

Ce qui m'étonne est qu'à huit ans
Un Prince en Fable ait mis la chose,

Pendant que fous mes cheveux blancs
Je fabrique à force de temps
Des Vers moins fenfez que fa Profe.

Les traits dans fa Fable femez,
Ne font en l'ouvrage du Poëte
Ni tous, ni fi bien exprimez.
Sa loüange en eft plus complete.

De la chanter fur la Muzette
C'eft mon talent; mais je m'attens
Que mon Heros dans peu de tems
Me fera prendre la trompette.

Je ne fuis pas un grand Prophete,
Cependant je lis dans les Cieux,
Que bientôt fes faits glorieux
Demanderont plufieurs Homeres;
Et ce tems-ci n'en produit gueres.
Laiffant à part tous ces myfteres,
Effaïons de conter la Fable avec fuccez.

Le Renard dit au Loup, Nôtre cher, pour tous mets
J'ai fouvent un vieux Coq, ou de maigres Poulets;
  C'eft une viande qui me laffe.
Tu fais meilleure chere avec moins de hazard.
J'approche des maifons, tu te tiens à l'écart.
Apprens-moi ton métier, Camarade, de grace :
  Rens-moi le premier de ma race

Qui fourniſſe ſon croc de quelque Mouton gras,
Tu ne me mettras point au nombre des ingrats.
Je le veux, dit le Loup : Il m'eſt mort un mien frere,
Allons prendre ſa peau, tu t'en revêtiras.
Il vint, & le Loup dit : Voici comme il faut faire
Si tu veux écarter les Mâtins du Troupeau.
  Le Renard aïant mis la peau
Repetoit les leçons que lui donnoit ſon maître.
D'abord il s'y prit mal, puis un peu mieux, puis bien,
  Puis enfin il n'y manqua rien.
A peine il fut inſtruit autant qu'il pouvoit l'être,
Qu'un Troupeau s'approcha. Le nouveau Loup y court,
Et répand la terreur dans les lieux d'alentour.
  Tel vêtu des armes d'Achille
Patrocle mit l'alarme au Camp & dans la Ville.
Meres, Brus & Vieillards au Temple couroient tous.
L'oſt au Peuple bêlant crut voir cinquante Loups.
Chien, Berger & Troupeau, tout fuit vers le Village,
Et laiſſe ſeulement une Brebis pour gage.
Le larron s'en ſaiſit. A quelque pas de là
Il entendit chanter un Coq du voiſinage.
Le Diſciple auſſi-tôt droit au Coq s'en alla,
  Jettant bas ſa robe de claſſe,
Oubliant les Brebis, les leçons, le Regent,
  Et courant d'un pas diligent.
  Que ſert-il qu'on ſe contrefaſſe?
Pretendre ainſi changer, eſt une illuſion :
  L'on reprend ſa premiere trace
  A la premiere occaſion.

De vôtre efprit que nul autre n'égale,
Prince, ma Mufe tient tout entier ce projet.
    Vous m'avez donné le fujet,
      Le dialogue & la morale.

X

L'ECREVISSE ET SA FILLE

Les Sages quelquefois, ainſi que l'Ecreviſſe,
Marchent à reculons, tournent le dos au port.
C'eſt l'art des Matelots : C'eſt auſſi l'artifice
De ceux qui pour couvrir quelque puiſſant effort,
Enviſagent un poinct directement contraire,
Et font vers ce lieu-là courir leur adverſaire.
Mon ſujet eſt petit, cet acceſſoire eſt grand.
Je pourrois l'appliquer à certain Conquerant
Qui tout ſeul déconcerte une Ligue à cent têtes.
Ce qu'il n'entreprend pas, & ce qu'il entreprend
N'eſt d'abord qu'un ſecret, puis devient des conquêtes.

En vain l'on a les yeux fur ce qu'il veut cacher,
Ce font arrêts du fort qu'on ne peut empêcher,
Le torrent à la fin devient infurmontable.
Cent Dieux font impuiffans contre un feul Jupiter.
LOUIS & le deftin me femblent de concert
Entraîner l'Univers. Venons à nôtre Fable.
Mere Ecreviffe un jour à fa Fille difoit :
Comme tu vas, bon Dieu! ne peux-tu marcher droit?
Et comme vous allez vous-même! dit la Fille.
Puis-je autrement marcher que ne fait ma famille?
Veut-on que j'aille droit quand on y va tortu?
   Elle avoit raifon; la vertu
  De tout exemple domeftique
  Eft univerfelle, & s'applique
En bien, en mal, en tout; fait des fages, des fots;
Beaucoup plus de ceux-ci. Quant à tourner le dos
A fon but; j'y reviens, la methode en eft bonne,
  Sur tout au métier de Bellone :
  Mais il faut le faire à propos.

XI

L'AIGLE ET LA PIE

L'Aigle Reine des airs, avec Margot la Pie,
Differentes d'humeur, de langage, & d'esprit,
   Et d'habit,
  Traverſoient un bout de prairie.
Le hazard les aſſemble en un coin détourné.
L'Agaſſe eut peur ; mais l'Aigle aïant fort bien dîné,
La raſſure, & lui dit : Allons de compagnie.
Si le Maître des Dieux aſſez ſouvent s'ennuie,
   Lui qui gouverne l'Univers,
J'en puis bien faire autant, moi qui ſçait qui le fers.

Entretenez-moi donc, & fans ceremonie.
Caquet bon-bec alors de jafer au plus drû :
Sur ceci, fur cela, fur tout. L'homme d'Horace
Difant le bien, le mal à travers champs, n'eût fçû
Ce qu'en fait de babil y fçavoit nôtre Agaffe.
Elle offre d'avertir de tout ce qui fe paffe,
  Sautant, allant de place en place,
Bon efpion, Dieu fçait. Son offre aïant déplu,
  L'Aigle lui dit tout en colere :
  Ne quittez point vôtre fejour,
Caquet bon-bec ma mie : adieu, je n'ai que faire
  D'une babillarde à ma Cour;
  C'eft un fort méchant caractere.
  Margot ne demandoit pas mieux.
Ce n'eft pas ce qu'on croit, que d'entrer chez les Dieux:
Cet honneur a fouvent de mortelles angoiffes.
Redifeurs, Efpions, gens à l'air gracieux,
Au cœur tout different, s'y rendent odieux;
Quoi qu'ainfi que la Pie il faille dans ces lieux
  Porter habit de deux parroiffes.

XII

LE MILAN, LE ROI, ET LE CHASSEUR

A SON ALTESSE SERENISSIME

MONSEIGNEUR LE PRINCE DE CONTI

Comme les Dieux font bons, ils veulent que les Rois
    Le foient auffi : c'eft l'indulgence
        Qui fait le plus beau de leurs droits,
        Non les douceurs de la vengeance.
Prince c'eft vôtre avis. On fçait que le courroux
S'éteint en vôtre cœur fi-tôt qu'on l'y void naître.
Achille qui du fien ne put fe rendre maître
        Fut par là moins Héros que vous.
Ce titre n'appartient qu'à ceux d'entre les hommes
Qui comme en l'âge d'or font cent biens ici bas.
Peu de Grands font nez tels en cet âge où nous fommes.
L'Univers leur fçait gré du mal qu'ils ne font pas.

Loin que vous fuiviez ces exemples,
Mille actes genereux vous promettent des Temples.
Apollon Citoïen de ces Auguftes lieux
Pretend y celebrer vôtre nom fur fa Lire.
Je fçais qu'on vous attend dans le Palais des Dieux :
Un fiecle de fejour doit ici vous fuffire.
Hymen veut fejourner tout un fiecle chez vous.
  Puiffent fes plaifirs les plus doux
  Vous compofer des deftinées
  Par ce temps à peine bornées !
Et la Princeffe & vous n'en méritez pas moins ;
  J'en prens fes charmes pour témoins :
  Pour témoins j'en prens les merveilles
Par qui le Ciel pour vous prodigue en fes prefens,
De qualitez qui n'ont qu'en vous feuls leurs pareilles,
  Voulut orner vos jeunes ans.
Bourbon de fon efprit ces graces affaifonne.
  Le Ciel joignit en fa perfonne
  Ce qui fçait fe faire eftimer
  A ce qui fçait fe faire aimer.
Il ne m'appartient pas d'étaler vôtre joie.
  Je me tais donc, & vais rimer
  Ce que fit un Oifeau de proie.

Un Milan de fon nid antique poffeffeur,
  Etant pris vif par un Chaffeur ;
D'en faire au Prince un don cet homme fe propofe.
La rareté du fait donnoit prix à la chofe.
L'Oifeau par le Chaffeur humblement prefenté,

>   Si ce conte n'eſt apocriphe,
>   Va tout droit imprimer ſa griffe
>   Sur le nez de ſa Majeſté.
> Quoi ſur le nez du Roi? Du Roi même en perſonne.
> Il n'avoit donc alors ni Sceptre ni Couronne?
> Quand il en auroit eu, ç'auroit été tout un.
> Le nez Roïal fut pris comme un nez du commun.
> Dire des Courtiſans les clameurs & la peine,
> Seroit ſe conſumer en efforts impuiſſans.
> Le Roi n'éclata point; les cris ſont indécens
>   A la Majeſté ſouveraine.
> L'Oiſeau garda ſon poſte. On ne put ſeulement
>   Hâter ſon départ d'un moment.
> Son Maître le rappelle, & crie, & ſe tourmente,
> Lui preſente le leurre, & le poing, mais en vain.
>   On crut que juſqu'au lendemain
> Le maudit animal à la ſerre inſolente
>   Nicheroit là malgré le bruit,
> Et ſur le nez ſacré voudroit paſſer la nuit.
> Tâcher de l'en tirer irritoit ſon caprice.
> Il quitte enfin le Roi, qui dit, Laiſſez aller
> Ce Milan, & celui qui m'a crû régaler.
> Ils ſe ſont acquittez tous deux de leur office,
> L'un en Milan, & l'autre en Citoïen des Bois.
> Pour moi qui ſçais comment doivent agir les Rois,
>   Je les affranchis du ſupplice.
> Et la Cour d'admirer. Les Courtiſans ravis
> Elevent de tels faits par eux ſi mal ſuivis.
> Bien peu, même des Rois, prendroient un tel modele;

Et le Veneur l'échapa belle,
Coupable feulement, tant lui que l'animal,
D'ignorer le danger d'approcher trop du Maître.
Ils n'avoient appris à connoître
Que les hôtes des bois : étoit-ce un fi grand mal?
Pilpay fait pres du Gange arriver l'Avanture.
Là nulle humaine Creature
Ne touche aux Animaux pour leur fang épancher.
Le Roi même feroit fcrupule d'y toucher.
Sçavons-nous, difent-ils, fi cet Oifeau de proie
N'étoit point au fiége de Troie?
Peut-être y tint-il lieu d'un Prince ou d'un Heros
Des plus hupez & des plus hauts.
Ce qu'il fut autrefois il pourra l'être encore.
Nous croïons aprés Pythagore,
Qu'avec les Animaux de forme nous changeons,
Tantôt Milans, tantôt Pigeons,
Tantôt Humains, puis Volatilles
Aïant dans les airs leurs familles.

Comme l'on conte en deux façons
L'accident du Chaffeur, voici l'autre maniere.
Un certain Fauconnier aïant pris, ce dit-on,
A la Chaffe un Milan (ce qui n'arrive guere)
En voulut au Roi faire un don,
Comme de chofe finguliere.
Ce cas n'arrive pas quelquefois en cent ans.
C'eft le *Non plus ultra* de la Fauconnerie.
Ce Chaffeur perce donc un gros de Courtifans,

Plein de zele, échaufé, s'il le fut de fa vie.
  Par ce parangon des prefens
  Il croïoit fa fortune faite,
  Quand l'Animal porte-fonnette,
  Sauvage encore & tout groffier,
  Avec fes ongles tout d'acier
Prend le nez du Chaffeur, hape le pauvre fire :
  Lui de crier, chacun de rire,
Monarque & Courtifans. Qui n'eût ri? Quant à moi
Je n'en euffe quitté ma part pour un Empire.
  Qu'un Pape rie, en bonne foi
Je ne l'ofe affurer; mais je tiendrois un Roi
  Bien malheureux s'il n'ofoit rire.
C'eft le plaifir des Dieux. Malgré fon noir fourci
Jupiter, & le Peuple Immortel rit auffi.
Il en fit des éclats, à ce que dit l'Hiftoire,
Quand Vulcain clopinant lui vint donner à boire.
Que le Peuple Immortel fe montrât fage ou non,
J'ai changé mon fujet avec jufte raifon;
  Car puifqu'il s'agit de Morale,
Que nous eût du Chaffeur l'avanture fatale
Enfeigné de nouveau? l'on a vû de tout tems
Plus de fots Fauconniers, que de Rois indulgens.

XIII

LE RENARD, LES MOUCHES, ET LE HERISSON

Aux traces de fon fang, un vieux hôte des bois,
  Renard fin, fubtil, & matois,
Bleffé par des Chaffeurs, & tombé dans la fange,
Autrefois attira ce Parafite aîlé
  Que nous avons Mouche appellé.
Il accufoit les Dieux, & trouvoit fort étrange
Que le fort à tel poinct le voulût affliger,
  Et le fift aux Mouches manger.
Quoi! fe jetter fur moi, fur moi le plus habile
  De tous les Hôtes des Forêts?
Depuis quand les Renards font-ils un fi bon mets?
Et que me fert ma queuë; eft-ce un poids inutile?

Va, le Ciel te confonde, animal importun ;
   Que ne vis-tu fur le commun !
   Un Heriffon du voifinage,
   Dans mes Vers nouveau perfonnage,
Voulut le délivrer de l'importunité
   Du Peuple plein d'avidité.
Je les vais de mes dards enfiler par centaines,
Voifin Renard, dit-il, & terminer tes peines.
Garde-t'en bien, dit l'autre ; ami ne le fais pas :
Laiffe-les, je te prie, achever leur repas.
Ces animaux font faouls ; une troupe nouvelle
Viendroit fondre fur moi, plus âpre & plus cruelle.
Nous ne trouvons que trop de mangeurs ici-bas :
Ceux-ci font Courtifans, ceux-là font Magiftrats.
Ariftote appliquoit cet Apologue aux Hommes.
   Les exemples en font communs,
   Sur tout au païs où nous fommes.
Plus telles gens font pleins, moins ils font importuns.

XIV

L'AMOUR ET LA FOLIE

Tout eſt myſtere dans l'Amour,
Ses Fléches, fon Carquois, fon Flambeau, fon Enfance.
  Ce n'eſt pas l'ouvrage d'un jour,
   Que d'épuiſer cette Science.
Je ne pretends donc point tout expliquer ici.
Mon but eſt ſeulement de dire à ma maniere
  Comment l'Aveugle que voici
(C'eſt un Dieu) comment, dis-je, il perdit la lumiere :
Quelle ſuite eut ce mal, qui peut-être eſt un bien.
J'en fais Juge un Amant, & ne décide rien.

La Folie & l'Amour joüoient un jour enfemble.
Celui-ci n'étoit pas encor privé des yeux.
Une difpute vint : l'Amour veut qu'on affemble
   Là deffus le Confeil des Dieux.
   L'autre n'eut pas la patience.
  Elle lui donne un coup fi furieux
   Qu'il en perd la clarté des Cieux.
   Venus en demande vengeance.
Femme & mere il fuffit pour juger de fes cris :
   Les Dieux en furent étourdis ;
   Et Jupiter, & Némefis,
Et les Juges d'Enfer, enfin toute la bande.
Elle reprefenta l'énormité du cas.
Son fils fans un bâton ne pouvoit faire un pas.
Nulle peine n'étoit pour ce crime affez grande.
Le dommage devoit être auffi réparé.
   Quand on eut bien confideré
L'interêt du Public, celui de la Partie,
Le Refultat enfin de la fuprême Cour
   Fut de condamner la Folie
   A fervir de guide à l'Amour.

XV

LE CORBEAU, LA GAZELLE, LA TORTUE, ET LE RAT

A MADAME DE LA SABLIERE

Je vous gardois un Temple dans mes Vers :
Il n'eût fini qu'avecque l'Univers.
Déja ma main en fondoit la durée
Sur ce bel Art qu'ont les Dieux inventé,
Et fur le nom de la Divinité
Que dans ce Temple on auroit adorée,
Sur le portail j'aurois ces mots écrits :
Palais Sacré de la Deesse Iris.
Non celle-là qu'a Junon à fes gages;
Car Junon même, & le Maître des Dieux

Serviroient l'autre, & feroient glorieux
Du feul honneur de porter fes meffages.
L'Apotheofe à la voûte eût paru.
Là tout l'Olimpe en pompe eût été vû
Plaçant Iris fous un Dais de lumiere.
Les murs auroient amplement contenu
Toute fa vie, agreable matiere;
Mais peu feconde en ces évenemens
Qui des Etats font les renverfemens.
Au fonds du Temple eût été fon image,
Avec fes traits, fon foûris, fes appas,
Son art de plaire & de n'y penfer pas,
Ses agrémens à qui tout rend hommage.
J'aurois fait voir à fes pieds des mortels,
Et des Heros, des demi-Dieux encore;
Même des Dieux; ce que le Monde adore
Vient quelquefois parfumer fes Autels.
J'euffe en fes yeux fait briller de fon ame
Tous les trefors, quoi qu'imparfaitement :
Car ce cœur vif & tendre infiniment,
Pour fes amis & non point autrement;
Car cet efprit qui né du Firmament
A beauté d'homme avec graces de femme
Ne fe peut pas comme on veut exprimer.
O vous, Iris, qui fçavez tout charmer,
Qui fçavez plaire en un degré fuprême,
Vous que l'on aime à l'égal de foi-même,
(Ceci foit dit fans nul foupçon d'amour,
Car c'eft un mot banni de vôtre Cour;

Laiſſons-le donc) agréez que ma Muſe
Acheve un jour cette ébauche confuſe.
J'en ai placé l'idée & le projet,
Pour plus de grace, au devant d'un ſujet
Où l'amitié donne de telles marques,
Et d'un tel prix, que leur ſimple recit
Peut quelque-temps amuſer vôtre eſprit.
Non que ceci ſe paſſe entre Monarques :
Ce que chez vous nous voïons eſtimer
N'eſt pas un Roi qui ne ſçait point aimer;
C'eſt un Mortel qui ſçait mettre ſa vie
Pour ſon ami. J'en vois peu de ſi bons.
Quatre animaux vivans de compagnie
Vont aux humains en donner des leçons.

La Gazelle, le Rat, le Corbeau, la Tortuë,
Vivoient enſemble unis; douce ſocieté.
Le choix d'une demeure aux humains inconnuë
  Aſſuroit leur felicité.
Mais quoi l'homme découvre enfin toutes retraites.
  Soïez au milieu des deſerts,
   Au fonds des eaux, au haut des airs,
Vous n'éviterez point ſes embûches ſecretes.
La Gazelle s'alloit ébatre innocemment;
  Quand un chien, maudit inſtrument
  Du plaiſir barbare des hommes,
Vint ſur l'herbe éventer les traces de ſes pas.
Elle fuit, & le Rat, à l'heure du repas
Dit aux amis reſtans, D'où vient que nous ne ſommes

Aujourd'hui que trois conviez?
La Gazelle déja nous a-t-elle oubliez?
A ces paroles la Tortuë
S'écrie, & dit, Ah! fi j'étois
Comme un Corbeau d'aîles pourvûë,
Tout de ce pas je m'en irois
Apprendre au moins quelle contrée,
Quel accident tient arrêtée
Nôtre compagne au pied leger;
Car à l'égard du cœur il en faut mieux juger.
Le Corbeau part à tire d'aîle.
Il apperçoit de loin l'imprudente Gazelle
Prife au piege & fe tourmentant.
Il retourne avertir les autres à l'inftant.
Car de lui demander quand, pourquoi, ni comment,
Ce malheur eft tombé fur elle,
Et perdre en vains difcours cet utile moment,
Comme eût fait un Maître d'Ecole;
Il avoit trop de jugement.
Le Corbeau donc vole & revole.
Sur fon rapport les trois amis
Tiennent confeil. Deux font d'avis
De fe tranfporter fans remife
Aux lieux où la Gazelle eft prife.
L'autre, dit le Corbeau, gardera le logis.
Avec fon marcher lent, quand arriveroit-elle?
Aprés la mort de la Gazelle.
Ces mots à peine dits, ils s'en vont fecourir
Leur chere & fidele Compagne,

Pauvre Chevrette de montagne.
La Tortuë y voulut courir.
La voilà comme eux en campagne,
Maudiffant fes pieds courts avec jufte raifon,
Et la neceffité de porter fa maifon.
Rongemaille (le Rat eut à bon droit ce nom)
Coupe les nœuds du lacs : on peut penfer la joie.
Le Chaffeur vient, & dit : Qui m'a ravi ma proie?
Rongemaille à ces mots fe retire en un trou,
Le Corbeau fur un arbre, en un Bois la Gazelle :
Et le Chaffeur à demi fou
De n'en avoir nulle nouvelle,
Apperçoit la Tortuë, & retient fon courroux.
D'où vient, dit-il, que je m'effraie?
Je veux qu'à mon fouper celle-ci me défraie.
Il la mit dans fon fac. Elle eût païé pour tous,
Si le Corbeau n'en eût averti la Chevrette.
Celle-ci quittant fa retraite,
Contrefait la boiteufe & vient fe préfenter.
L'Homme de fuivre, & de jetter
Tout ce qui lui pefoit; fi bien que Rongemaille
Autour des nœuds du fac tant opere & travaille
Qu'il délivre encor l'autre fœur
Sur qui s'étoit fondé le foupé du Chaffeur.

Pilpay conte qu'ainfi la chofe s'eft paffée.
Pour peu que je vouluffe invoquer Apollon,
J'en ferois pour vous plaire un Ouvrage auffi long
Que l'Iliade ou l'Odyffée.

Rongemaille feroit le principal Heros,
Quoi-qu'à vrai dire ici chacun foit neceffaire.
Portemaifon l'Infante y tient de tels propos
      Que Monfieur du Corbeau va faire
Office d'Efpion, & puis de Meffager.
La Gazelle a d'ailleurs l'adreffe d'engager
Le Chaffeur à donner du temps à Rongemaille.
      Ainfi chacun en fon endroit
      S'entremet, agit & travaille.
A qui donner le prix? Au cœur, fi l'on m'en croit.

XVI

LA FOREST ET LE BUCHERON

Un Bucheron venoit de rompre ou d'égarer
Le bois dont il avoit emmanché fa coignée.
Cette perte ne put fi-tôt fe reparer
Que la Foreft n'en fût quelque-temps épargnée.
   L'Homme enfin la prie humblement
   De lui laiffer tout doucement
   Emporter une unique branche
   Afin de faire un autre manche.
Il iroit emploïer ailleurs fon gagne pain :
Il laifferoit debout maint Chêne & maint Sapin

Dont chacun refpectoit la vieilleffe & les charmes.
L'innocente Foreſt lui fournit d'autres armes.
Elle en eut du regret. Il emmanche fon fer.
   Le miferable ne s'en fert
  Qu'à dépoüiller fa bien-faitrice
  De fes principaux ornemens.
  Elle gémit à tous momens.
  Son propre don fait fon fupplice.

Voila le train du Monde, & de fes Sectateurs.
On s'y fert du bienfait contre les bienfaiteurs.
Je fuis las d'en parler : mais que de doux ombrages
  Soient expofez à ces outrages,
  Qui ne fe plaindroit là-deffus!
Hélas! j'ai beau crier, & me rendre incommode;
  L'ingratitude & les abus
  N'en feront pas moins à la mode.

XVII

LE RENARD, LE LOUP, ET LE CHEVAL

Un Renard jeune encor, quoique des plus madrez,
Vid le premier Cheval qu'il eût vû de fa vie.
Il dit à certain Loup, franc novice, Accourez :
  Un Animal paît dans nos prez,
Beau, grand; j'en ai la vuë encor toute ravie.
Eft-il plus fort que nous? dit le Loup en riant :
  Fais-moi fon Portrait, je te prie.
Si j'étois quelque Peintre, ou quelque Etudiant,
Repartit le Renard, j'avancerois la joie
  Que vous aurez en le voïant.
Mais venez : Que fçait-on? peut-être eft-ce une proie
  Que la Fortune nous envoie.

Ils vont; & le Cheval qu'à l'herbe on avoit mis,
Affez peu curieux de femblables amis,
Fut prefque fur le point d'enfiler la venelle.
Seigneur, dit le Renard, vos humbles ferviteurs
Apprendroient volontiers comment on vous appelle.
Le Cheval qui n'étoit dépourvû de cervelle
Leur dit : Lifez mon nom, vous le pouvez, Meffieurs;
Mon Cordonnier l'a mis autour de ma femelle,
Le Renard s'excufa fur fon peu de fçavoir.
Mes parens, reprit-il, ne m'ont point fait inftruire.
Ils font pauvres, & n'ont qu'un trou pour tout avoir.
Ceux du Loup, gros Meffieurs, l'ont fait apprendre à lire.
  Le Loup par ce difcours flaté
  S'approcha; mais fa vanité
Lui coûta quatre dents : le Cheval lui defferre
Un coup; & haut le pied. Voilà mon Loup par terre,
  Mal en point, fanglant & gâté.
Frere, dit le Renard, ceci nous juftifie
  Ce que m'ont dit des gens d'efprit :
Cet animal vous a fur la machoire écrit,
Que de tout inconnu le Sage fe méfie.

A. Delierre sc. A. Quantin, Imp. Edit.

XVIII

LE RENARD ET LES POULETS D'INDE

Contre les affauts d'un Renard
Un arbre à des Dindons fervoit de citadelle.
Le perfide aïant fait tout le tour du rempart,
　　Et vû chacun en fentinelle,
S'écria : Quoi ces gens fe mocqueront de moi !
Eux feuls feront exemts de la commune loi !
Non, par tous les Dieux, non. Il accomplit fon dire.
La Lune alors luifant fembloit contre le Sire
Vouloir favorifer la Dindonniere gent.
Lui qui n'étoit novice au métier d'affiégeant

Eut recours à fon fac de rufes fcelcrates :
Feignit vouloir gravir, fe guinda fur fes pattes,
Puis contrefit le mort, puis le reffufcité.
   Harlequin n'eût executé
   Tant de differens perfonnages.
Il élevoit fa queuë, il la faifoit briller,
   Et cent mille autres badinages,
Pendant quoi nul Dindon n'eût ofé fommeiller.
L'ennemi les laffoit en leur tenant la vûë
   Sur même objet toûjours tenduë.
Les pauvres gens étant à la longue éblouïs,
Toûjours il en tomboit quelqu'un; autant de pris;
Autant de mis à part : prés de moitié fuccombe.
Le Compagnon les porte en fon garde-manger.
Le trop d'attention qu'on a pour le danger
   Fait le plus fouvent qu'on y tombe.

XIX

LE SINGE

Il eſt un Singe dans Paris
A qui l'on avoit donné femme.
Singe en effet d'aucuns maris.
Il la battoit : La pauvre Dame
En a tant ſoupiré qu'enfin elle n'eſt plus.
Leur fils ſe plaint d'étrange ſorte;
Il éclate en cris ſuperflus :
Le pere en rit; ſa femme eſt morte.
Il a déja d'autres amours
Que l'on croit qu'il battra toûjours.

Il hante la Taverne, & souvent il s'enyvre.
N'attendez rien de bon du Peuple imitateur,
    Qu'il soit Singe ou qu'il fasse un Livre.
    La pire espece c'est l'Auteur.

XX

LE PHILOSOPHE SCITHE

Un Philofophe auftere, & né dans la Scithie,
Se propofant de fuivre une plus douce vie,
Voïagea chez les Grecs, & vid en certains lieux
Un Sage affez femblable au vieillard de Virgile;
Homme égalant les Rois, homme approchant des Dieux,
Et comme ces derniers fatisfait & tranquile.
Son bonheur confiftoit aux beautez d'un Jardin.
Le Scithe l'y trouva, qui la ferpe à la main
De fes Arbres à fruit retranchoit l'inutile,
Ebranchoit, émondoit, ôtoit ceci, cela,
  Corrigeant par tout la Nature
Exceffive à païer fes foins avec ufure.
  Le Scithe alors lui demanda,

Pourquoi cette ruïne : Etoit-il d'homme fage
De mutiler ainfi ces pauvres habitans ?
Quittez-moi vôtre ferpe ; inftrument de dommage.
   Laiffez agir la faux du temps :
Ils iront auffi-tôt border le noir rivage.
J'ôte le fuperflu, dit l'autre, & l'abatant
   Le refte en profite d'autant.
Le Scithe retourné dans fa trifte demeure
Prend la ferpe à fon tour, coupe & taille à toute heure ;
Confeille à fes voifins, prefcrit à fes amis
   Un univerfel abatis.
Il ôte de chez lui les branches les plus belles,
Il tronque fon Verger contre toute raifon,
   Sans obferver temps ni faifon,
   Lunes ni vieilles ni nouvelles.
Tout languit & tout meurt. Ce Scithe exprime bien
   Un indifcret Stoïcien.
   Celui-ci retranche de l'âme
Defirs & paffions, le bon & le mauvais,
   Jufqu'aux plus innocens fouhaits.
Contre de telles gens, quant à moi je reclame.
Ils ôtent à nos cœurs le principal reffort.
Ils font ceffer de vivre avant que l'on foit mort.

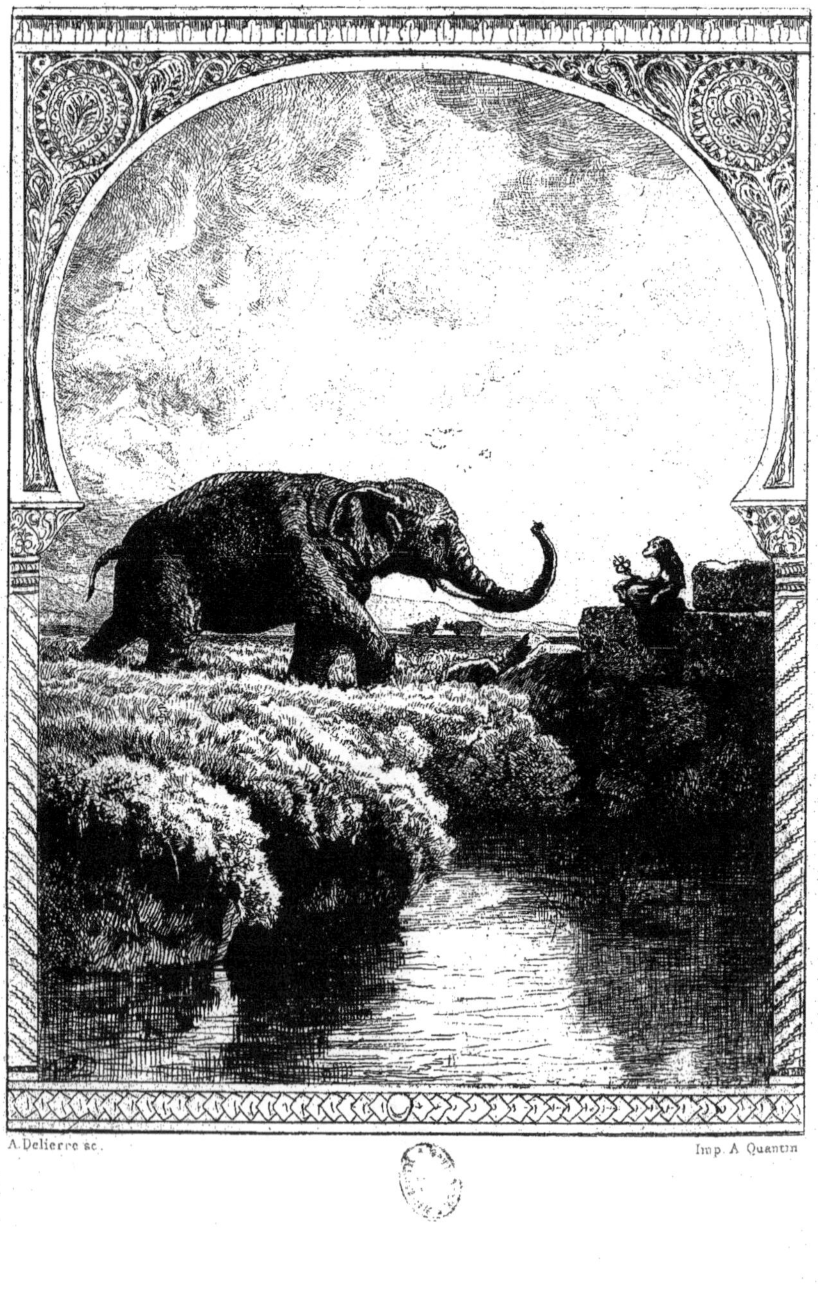

A. Delierre sc. Imp. A Quantin

XXI

L'ELEPHANT, ET LE SINGE DE JUPITER

Autrefois l'Elephant & le Rinoceros
En difpute du pas & des droits de l'Empire,
Voulurent terminer la querelle en champ clos.
Le jour en étoit pris quand quelqu'un vint leur dire,
  Que le Singe de Jupiter
Portant un Caducée, avoit paru dans l'air.

Ce Singe avoit nom Gille, à ce que dit l'Hiſtoire.
    Auſſi-tôt l'Elephant de croire
    Qu'en qualité d'Ambaſſadeur
    Il venoit trouver ſa Grandeur.
    Tout fier de ce ſujet de gloire,
Il attend Maître Gille, & le trouve un peu lent
    A lui preſenter ſa créance.
    Maître Gille enfin en paſſant
    Va ſaluër ſon Excellence.
L'autre étoit preparé ſur la légation ;
    Mais pas un mot : l'attention
Qu'il croïoit que les Dieux euſſent à ſa querelle
N'agitoit pas encor chez eux cette nouvelle.
    Qu'importe à ceux du Firmament
    Qu'on ſoit Mouche ou bien Elephant?
Il ſe vid donc reduit à commencer lui-même.
Mon couſin Jupiter, dit-il, verra dans peu
Un aſſez beau combat de ſon Trône ſuprême.
    Toute ſa Cour verra beau jeu.
Quel combat? dit le Singe avec un front ſevere,
L'Elephant repartit : Quoi vous ne ſçavez pas
Que le Rinoceros me diſpute le pas?
Qu'Elephantide a guerre avecque Rinocere?
Vous connoiſſez ces lieux, ils ont quelque renom.
Vraiment je ſuis ravi d'en apprendre le nom,
Repartit Maître Gille, on ne s'entretient guere
De ſemblables ſujets dans nos vaſtes Lambris.
    L'Elephant honteux & ſurpris
Lui dit : Et parmi nous que venez-vous donc faire?

Partager un brin d'herbe entre quelques Fourmis.
Nous avons foin de tout : Et quant à vôtre affaire,
On n'en dit rien encor dans le confeil des Dieux.
Les petits & les grands font égaux à leurs yeux.

XXII

UN FOU ET UN SAGE

Certain Fou pourſuivoit à coups de pierre un Sage.
Le Sage ſe retourne, & lui dit : Mon ami,
C'eſt fort bien fait à toi; reçois cet écu-ci :
Tu fatigues aſſez pour gagner davantage.
Toute peine, dit-on, eſt digne de loïer.
Voi cet homme qui paſſe; il a dequoi païer :
Adreſſe-lui tes dons, ils auront leur ſalaire.
Amorcé par le gain nôtre Fou s'en va faire
   Même inſulte à l'autre Bourgeois.
On ne le païa pas en argent cette fois.

Maint Eſtafier accourt : on vous happe nôtre homme,
 On vous l'échine, on vous l'aſſomme.

Auprés des Rois il eſt de pareils Fous.
A vos dépens ils font rire le Maître.
Pour reprimer leur babil, irez-vous
Les maltraiter? vous n'etes pas peut-être
Aſſez puiſſant. Il faut les engager
A s'addreſſer à qui peut ſe vanger.

XXIII

LE RENARD ANGLOIS

A MADAME HERVAY

Le bon cœur eſt chez vous compagnon du bon ſens,
Avec cent qualitez trop longues à déduire,
Une nobleſſe d'ame, un talent pour conduire
  Et les affaires & les gens,
Une humeur franche & libre, & le don d'être amie
Malgré Jupiter même, & les temps orageux.
Tout cela meritoit un éloge pompeux;
Il en eût été moins ſelon vôtre genie;
La pompe vous déplaît. l'éloge vous ennuie :

J'ai donc fait celui-ci court & fimple. Je veux
   Y coudre encore un mot ou deux
    En faveur de vôtre Patrie :
Vous l'aimez. Les Anglois penfent profondément,
Leur efprit en cela fuit leur temperamment
Creufant dans les fujets, & forts d'experiences,
Ils étendent par tout l'empire des Sciences.
Je ne dis point ceci pour vous faire ma Cour.
Vos gens à penetrer l'emportent fur les autres :
   Même les Chiens de leur féjour
    Ont meilleur nez que n'ont les nôtres.
Vos Renards font plus fins. Je m'en vais le prouver
   Par un d'eux qui pour fe fauver
    Mit en ufage un ftratagême
Non encor pratiqué ; des mieux imaginez.
Le fcelerat réduit en un peril extrême,
Et prefque mis à bout par ces Chiens au bon nez,
   Paffa prés d'un patibulaire.
    Là des animaux raviffans,
Blereaux, Renards, Hiboux, race encline à mal-faire,
Pour l'exemple pendus inftruifoient les paffans.
Leur confrere aux abois entre ces morts s'arrange.
Je croi voir Annibal qui preffé des Romains
Met leurs Chefs en défaut, ou leur donne le change,
Et fçait en vieux Renard s'échaper de leurs mains.
   Les Clefs de Meute parvenuës
A l'endroit où pour mort le traître fe pendit,
Remplirent l'air de cris : leur maître les rompit,
Bien que de leurs abois ils perçaffent les nuës.

Il ne put foupçonner ce tour affez plaifant.
Quelque Terrier, dit-il, a fauvé mon galant.
Mes Chiens n'appellent point au delà des colonnes
   Où font tant d'honnêtes perfonnes.
Il y viendra, le drôle. Il y vint, à fon dam.
   Voilà maint Baffet clabaudant;
Voilà nôtre Renard au charnier fe guindant.
Maître pendu croyoit qu'il en iroit de même
Que le jour qu'il tendit de femblables panneaux;
Mais le pauvret ce coup y laiffa fes houzeaux;
Tant il eft vrai qu'il faut changer de ftratagême.
Le Chaffeur pour trouver fa propre fûreté,
N'auroit pas cependant un tel tour inventé;
Non point par peu d'efprit : eft-il quelqu'un qui nie
Que tout Anglois n'en ait bonne provifion?
   Mais le peu d'amour pour la vie
   Leur nuit en mainte occafion.

   Je reviens à vous non pour dire
   D'autres traits fur vôtre fujet;
   Tout long éloge eft un projet
    Trop abondant pour ma Lire :
   Peu de nos chants, peu de nos Vers
Par un encens flateur amufent l'Univers,
Et fe font écouter des Nations étranges :
   Vôtre Prince vous dit un jour,
   Qu'il aimoit mieux un trait d'amour
   Que quatre Pages de loüanges.
Agréez feulement le don que je vous fais

Des derniers efforts de ma Mufe :
C'eft peu de chofe; elle eft confufe
De ces Ouvrages imparfaits.
Cependant ne pourriez-vous faire
Que le même hommage pût plaire
A celle qui remplit vos climats d'habitans
Tirés de l'Ifle de Cythere ?
Vous voïez par là que j'entens
Mazarin des Amours Déeffe tutelaire.

XXIV

DAPHNIS ET ALCIMADURE

IMITATION DE THEOCRITE.

A MADAME DE LA MESANGERE

Aimable fille d'une mere
A qui feule aujourdhui mille cœurs font la cour,
Sans ceux que l'amitié rend foigneux de vous plaire,
Et quelques-uns encor que vous garde l'amour.
    Je ne puis qu'en cette Preface
    Je ne partage entre elle & vous
Un peu de cet encens qu'on recueille au Parnaffe,
Et que j'ai le fecret de rendre exquis & doux.

Je vous dirai donc... Mais tout dire,
Ce feroit trop; il faut choifir,
Ménageant ma voix & ma Lire,
Qui bien-tôt vont manquer de force & de loifir.
Je loûrai feulement un cœur plein de tendreffe,
Ces nobles fentimens, ces graces, cet efprit ;
Vous n'auriez en cela ni Maître, ni Maîtreffe,
Sans celle dont fur vous l'éloge rejaillit.
    Gardez d'environner ces rofes
    De trop d'épines, fi jamais
    L'Amour vous dit les mêmes chofes,
    Il les dit mieux que je ne fais.
Auffi fçait-il punir ceux qui ferment l'oreille
    A fes confeils : Vous l'allez voir.

    Jadis une jeune merveille
Méprifoit de ce Dieu le fouverain pouvoir ;
    On l'appelloit Alcimadure,
Fier & farouche objet, toûjours courant aux bois,
Toûjours fautant aux prez, danfant fur la verdure,
    Et ne connoiffant autres loix
Que fon caprice ; au refte égalant les plus belles,
    Et furpaffant les plus cruelles ;
N'aïant trait qui ne plût, pas même en fes rigueurs ;
Quelle l'eût on trouvée au fort de fes faveurs ?
Le jeune & beau Daphnis, Berger de noble race,
L'aima pour fon malheur : jamais la moindre grace,
Ni le moindre regard, le moindre mot enfin,
Ne lui fut accordé par ce cœur inhumain.

Las de continuer une pourſuite vaine,
>   Il ne ſongea plus qu'à mourir;
>   Le deſeſpoir le fit courir
>   A la porte de l'Inhumaine.
Helas! ce fut aux vents qu'il raconta ſa peine;
>   On ne daigna lui faire ouvrir
Cette maiſon fatale, où parmi ſes Compagnes
L'Ingrate, pour le jour de ſa nativité,
>   Joignoit aux fleurs de ſa beauté
Les treſors des jardins & des vertes campagnes :
J'eſperois, cria-t-il, expirer à vos yeux,
>   Mais je vous ſuis trop odieux,
Et ne m'étonne pas qu'ainſi que tout le reſte
Vous me refuſiez même un plaiſir ſi funeſte.
Mon pere aprés ma mort, & je l'en ai chargé,
>   Doit mettre à vos pieds l'heritage
>   Que vôtre cœur a negligé.
Je veux que l'on y joigne auſſi le pâturage,
>   Tous mes troupeaux, avec mon chien,
>   Et que du reſte de mon bien
>   Mes Compagnons fondent un Temple,
>   Où vôtre image ſe contemple,
Renouvellans de fleurs l'Autel à tout moment;
J'aurai pres de ce Temple un ſimple monument;
>   On gravera ſur la bordure :
Daphnis mourut d'amour; Paſſant arrête-toi :
Pleure, & di : Celui-ci ſuccomba ſous la loi
>   *De la cruelle Alcimadure.*
A ces mots par la Parque il ſe ſentit atteint;

Il auroit pourſuivi, la douleur le prévint :
Son Ingrate ſortit triomphante & parée.
On voulut, mais en vain, l'arrêter un moment,
Pour donner quelques pleurs au ſort de ſon Amant.
Elle inſulta toûjours au fils de Cytherée,
Menant dés ce ſoir même, au mépris de ſes Loix,
Ses Compagnes danſer autour de ſa Statuë;
Le Dieu tomba ſur elle, & l'accabla du poids;
  Une voix ſortit de la nuë;
Echo redit ces mots dans les airs épandus :
Que tout aime à preſent l'Inſenſible n'eſt plus.
Cependant de Daphnis l'Ombre au Styx deſcenduë
Fremit, & s'étonna la voïant accourir.
Tout l'Erebe entendit cette Belle homicide
S'excuſer au Berger qui ne daigna l'ouïr,
Non plus qu'Ajax Ulyſſe, & Didon ſon perfide.

XXV

LE JUGE ARBITRE, L'HOSPITALIER,
ET LE SOLITAIRE

Trois Saints également jaloux de leur falut,
Portez d'un même efprit, tendoient à même but.
Ils s'y prirent tous trois par des routes diverfes.
Tous chemins vont à Rome : ainfi nos Concurrens
Crurent pouvoir choifir des fentiers differens.
L'un touché des foucis, des longueurs, des traverfes
Qu'en appanage on void aux Procés attachez,

S'offrit de les juger fans récompenfe aucune,
Peu foigneux d'établir ici-bas fa fortune.
Depuis qu'il eft des Loix, l'Homme pour fes pechez
Se condamne à plaider la moitié de fa vie.
La moitié? les trois quarts, & bien fouvent le tout.
Le conciliateur crut qu'il viendroit à bout
De guérir cette folle & détestable envie.
Le fecond de nos Saints choifit les Hôpitaux.
Je le louë; & le foin de foulager ces maux
Eft une charité que je prefere aux autres.
Les Malades d'alors étant tels que les nôtres,
Donnoient de l'exercice au pauvre Hofpitalier;
Chagrins, impatiens, & fe plaignant fans ceffe :
Il a pour tels & tels un foin particulier;
  Ce font fes amis; il nous laiffe.
Ces plaintes n'étoient rien au prix de l'embarras
Où fe trouva réduit l'Appointeur de débats.
Aucun n'étoit content; la Sentence arbitrale
  A nul des deux ne convenoit :
  Jamais le Juge ne tenoit
  A leur gré la balance égale.
De femblables difcours rebutoient l'Appointeur.
Il court aux Hôpitaux, va voir leur Directeur.
Tous deux ne recueillant que plainte & que murmure,
Affligèz, & contraints de quitter ces emplois,
Vous confier leur peine au filence des bois.
Là fous d'âpres rochers, prés d'une fource pure,
Lieu refpecté des vents, ignoré du Soleil,
Ils trouvent l'autre Saint, lui demandent confeil.

Il faut, dit leur ami, le prendre de foi-même.
   Qui mieux que vous fçait vos befoins?
Aprendre à fe connoître eft le premier des foins
Qu'impofe à tous mortels la Majefté Suprême.
Vous êtes-vous connus dans le monde habité?
L'on ne le peut qu'aux lieux pleins de tranquillité.
Chercher ailleurs ce bien, eft une erreur extrême.
   Troublez l'eau; vous y voyez-vous?
Agitez celle-ci. Comment nous verrions-nous?
   La vafe eft un épais nuage
Qu'aux effets du criftal nous venons d'oppofer.
Mes Freres, dit le Saint, laiffez la repofer;
   Vous verrez alors vôtre image.
Pour vous mieux contempler demeurez au defert.
   Ainfi parla le Solitaire.
Il fut crû, l'on fuivit ce confeil falutaire.
Ce n'eft pas qu'un emploi ne doive être fouffert.
Puifqu'on plaide, & qu'on meurt, & qu'on devient malade,
Il faut des Medecins, il faut des Avocats.
Ces fecours, grace à Dieu, ne nous manqueront pas;
Les honneurs & le gain, tout me le perfuade.
Cependant on s'oublie en ces communs befoins.
O vous dont le Public emporte tous les foins,
   Magiftrats, Princes, & Miniftres,
Vous que doivent troubler mille accidens finiftres,
Que le malheur abbat, que le bonheur corrompt,
Vous ne vous voïez point, vous ne voïez perfonne.
Si quelque bon moment à ces penfers vous donne,
   Quelque flateur vous interrompt.

Cette leçon fera la fin de ces Ouvrages :
Puiſſe-t-elle être utile aux ſiecles à venir !
Je la preſente aux Rois, je la propoſe aux Sages ;
Par où ſçaurois-je mieux finir ?

APPENDICE

LE SOLEIL, ET LES GRENOUILLES

IMITATION D'UNE FABLE LATINE

Les Filles du Limon tiroient du Roy des Aſtres
        Aſſiſtance & protection.
Guerre ni pauvreté, ni ſemblables defaſtres
Ne pouvoient approcher de cette Nation.
Elle faiſoit valoir en cent lieux ſon Empire.
Les Reines des Etangs, Grenouilles veux-je dire,
        Car que couſte-t'il d'appeller
        Les choſes par noms honorables?
Contre leur Bienfaiteur oſerent cabaler,
        Et devinrent inſupportables.
L'imprudence, l'orgueil, & l'oubli des bienfaits,
        Enfans de la bonne fortune,
Firent bien-toſt crier cette Troupe importune,

On ne pouvoit dormir en paix.
 Si l'on euſt cru leur murmure
 Elles auroient par leurs cris
 Soulevé grands & petits,
 Contre l'œil de la nature.
Le Soleil, à leur dire, alloit tout confumer,
 Il falloit promptement s'armer,
 Et lever des Troupes puiſſantes.
 Auſſi-toſt qu'il faiſoit un pas
  Ambaſſades croaſſantes
  Alloient dans tous les Etats.
 A les oüir, tout le monde,
 Toute la machine ronde
 Rouloit ſur les intereſts
 De quatre méchants Marais.
 Cette plainte temeraire
 Dure toûjours, & pourtant
 Grenouilles doivent ſe taire,
 Et ne murmurer pas tant.
 Car ſi le Soleil ſe pique,
 Il le leur fera ſentir,
 La Republique Aquatique
 Pourroit bien s'en repentir.

LA LIGUE DES RATS

Une Souris craignoit un Chat,
Qui dés long-temps la guettoit au paſſage.
Que faire en cet eſtat? Elle prudente & ſage,
Conſulte ſon Voiſin; c'étoit un maiſtre Rat
Dont la Rateuſe Seigneurie
S'étoit logée en bonne Hoſtellerie,
Et qui cent fois s'étoit vanté, dit-on,
De ne craindre de Chat ni Chate,
Ni coup de dent, ni coup de pate.
Dame Souris, lui dit ce Fanfaron,

Ma foy, quoique je faſſe
Seul je ne puis chaſſer le Chat qui vous menace :
Mais aſſemblons tous les Rats d'alentour,
Je lui pourrai jouër d'un mauvais tour.
La Souris fait une humble reverence,
Et le Rat court en diligence
A l'Office, qu'on nomme autrement la Dépenſe,
Où maints Rats aſſemblez
Faiſoient aux frais de l'Hoſte une entiere bombance.
Il arrive les ſens troublez,
Et tous les poumons eſſouflez.
Qu'avez-vous donc, lui dit un de ces Rats? parlez.
En deux mots, répond-il, ce qui fait mon voyage,
C'eſt qu'il faut promptement ſecourir la Souris,
Car Raminagrobis
Fait en tous lieux un étrange carnage.
Ce Chat, le plus diable des Chats,
S'il manque de Souris, voudra manger des Rats.
Chacun dit, il eſt vray. Sus, ſus, courons aux armes.
Quelques Rates, dit-on, répandirent des larmes,
N'importe, rien n'arreſte un ſi noble projet,
Chacun ſe met en équipage ;
Chacun met dans ſon ſac un morceau de fromage,
Chacun promet enfin de riſquer le paquet.
Ils alloient tous comme à la Feſte,
L'eſprit content, le cœur joyeux.
Cependant le Chat plus fin qu'eux,
Tenoit déja la Souris par la teſte.
Ils s'avancerent à grands pas

Pour fecourir leur bonne Amie.
Mais le Chat qui n'en demord pas
Gronde, & marche au devant de la Troupe ennemie.
A ce bruit, nos tres-prudens Rats
Craignant mauvaife deftinée,
Font, fans pouffer plus loin leur pretendu fracas,
Une retraite fortunée.
Chaque Rat rentre dans fon trou,
Et fi quelqu'un en fort, gare encor le Matou.

FIN DES FABLES.

TABLES

TABLE

DES FABLES ET DES EAUX-FORTES

CONTENUES

DANS LE DEUXIÈME VOLUME

LIVRE SEPTIÈME

		Pages.
Introduction.		1
Fable I.	— Les Animaux malades de la peſte *(Eau-forte)*.	3
— II.	— Le Mal marié	6
— III.	— Le Rat qui s'eſt retiré du monde *(Eau-forte)*.	9
— IV.	— Le Héron. — La Fille *(Eau-forte)*.	11
— V.	— Les Souhaits.	15
— VI.	— La Cour du Lion	18
— VII.	— Les Vautours & les Pigeons *(Eau-forte)*. .	20

		Pages.
Fable VIII.	— Le Coche & la Mouche.	23
— IX.	— La Laitiere & le Pot au lait *(Eau-forte)*	25
— X.	— Le Curé & le Mort.	28
— XI.	— L'Homme qui court apres la fortune & l'Homme qui l'attend dans fon lit.	31
— XII.	— Les deux Coqs *(Eau-forte)*.	35
— XIII.	— L'ingratitude & l'injuſtice des Hommes envers la Fortune	37
— XIV.	— Les Devinereſſes.	40
— XV.	— Le Chat, la Belette & le petit Lapin.	43
— XVI.	— La teſte & la queuë du Serpent	46
— XVII.	— Un Animal dans la Lune.	48

LIVRE HUITIÈME

Fable I.	— La Mort & le Mourant.	55
— II.	— Le Savetier & le Financier.	58
— III.	— Le Lion, le Loup & le Renard.	61
— IV.	— Le pouvoir des Fables : à Monſieur de Barillon	64
— V.	— L'Homme & la Puce.	68
— VI.	— Les Femmes & le Secret *(Eau-forte)*.	70
— VII.	— Le Chien qui porte à fon cou le difner de fon maiſtre.	72
— VIII.	— Le Rieur & les Poiſſons	74
— IX.	— Le Rat & l'Huître *(Eau-forte)*	77
— X.	— L'Ours & l'Amateur des Iardins.	80
— XI.	— Les deux Amis	83
— XII.	— Le Cochon, la Chèvre & le Mouton.	85
— XIII.	— Tircis & Amarante : pour Mademoiſelle de Sillery *(Eau-forte)*.	87
— XIV.	— Les Obſeques de la Lionne.	90
— XV.	— Le Rat & l'Elephant *(Eau-forte)*.	93

TABLE DU DEUXIÈME VOLUME.

Pages.

Fable XVI.	— L'Horofcope	95
— XVII.	— L'Afne & le Chien.	99
— XVIII.	— Le Baffa & le Marchand	101
— XIX.	— L'avantage de la Science	104
— XX.	— Iupiter & les tonnerres.	107
— XXI.	— Le Faucon & le Chapon *(Eau-forte)* . . .	110
— XXII.	— Le Chat & le Rat	112
— XXIII.	— Le Torrent & la Riviere *(Eau-forte)*. . .	115
— XXIV.	— L'Education.	117
— XXV.	— Les deux Chiens & l'Afne mort	119
— XXVI.	— Democrite & les Abderitains	122
— XXVII.	— Le Loup & le Chaffeur.	125

LIVRE NEUVIÈME

Fable I.	— Le Dépofitaire infidèle	131
— II.	— Les deux Pigeons *(Eau-forte)*.	135
— III.	— Le Singe & le Leopard.	139
— IV.	— Le Glan & la Citrouille *(Eau-forte)* . . .	141
— V.	— L'Ecolier, le Pedant & le Maiftre d'un iardin.	143
— VI.	— Le Statuaire & la Statuë de Iupiter . . .	145
— VII.	— La Souris metamorphofee en fille	148
— VIII.	— Le Fou qui vend la fageffe	152
— IX.	— L'Huître & les Plaideurs	154
— X.	— Le Loup & le Chien maigre	156
— XI.	— Rien de trop.	158
— XII.	— Le Cierge *(Eau-forte)*	160
— XIII.	— Jupiter & le Paffager.	162
— XIV.	— Le Chat & le Renard *(Eau-forte)*	164
— XV.	— Le Mary, la Femme & le Voleur	166
— XVI.	— Le Trefor & les deux Hommes	168

		Pages.
Fable XVII.	— Le Singe & le Chat *(Eau-forte)*	171
— XVIII.	— Le Milan & le Roffignol *(Eau-forte)*.	173
— XIX.	— Le Berger & fon Troupeau	175

LIVRE DIXIÈME

Difcours à Madame de la Sabliere		179
Fable I.	— Les deux Rats, le Renard & l'Œuf *(Eau-forte)*.	186
— II.	— L'Homme & la Couleuvre	189
— III.	— La Tortue & les deux Canards *(Eau-forte)*.	193
— IV.	— Les Poiffons & le Cormoran	195
— V.	— L'Enfouiffeur & fon compere	198
— VI.	— Le Loup & les Bergers	200
— VII.	— L'Araignee & l'Hirondelle *(Eau-forte)*	203
— VIII.	— Les Perdrix & les Cocs	205
— IX.	— Le Chien à qui on a coupé les oreilles *(Eau-forte)*.	207
— X.	— Le Berger & le Roy	209
— XI.	— Les Poiffons & le Berger qui joue de la flûte	213
— XII.	— Les deux Perroquets, le Roy & fon fils *(Eau-forte)*	215
— XIII.	— La Lionne & l'Ourfe	218
— XIV.	— Les deux Avanturiers & le Talifman	220
— XV.	— Difcours à Monfieur le Duc de La Rochefoucault *(Eau-forte)*	223
— XVI.	— Le Marchand, le Gentilhomme, le Pâtre & le fils de Roy	227

LIVRE ONZIÈME

Fable I.	— Le Lion *(Eau-forte)*	233
— II.	— Pour Monfeigneur le Duc du Mayne.	236
— III.	— Le Fermier, le Chien & le Renard *(Eau-forte)*	239

		Pages.
Fable IV.	— Le Songe d'un Habitant du Mogol	242
— V.	— Le Lion, le Singe & les deux Afnes *(Eau-forte)*	245
— VI.	— Le Loup & le Renard *(Eau-forte)*	249
— VII.	— Le Païfan du Danube	252
— VIII.	— Le Vieillard & les trois jeunes hommes *(Eau-forte)*	256
— IX.	— Les Souris & le Chat-huant *(Eau-forte)* . .	258
Epilogue		261

LIVRE DOUZIÈME

A Monfeigneur le Duc de Bourgogne 265
Fable I. — Les compagnons d'Uliffe : à Monfeigneur le Duc de Bourgogne 268
— II. — Le Chat & les deux Moineaux : à Monfeigneur le Duc de Bourgogne *(Eau-forte)* . . . 27˙
— III. — Du Thefaurifeur & du Singe 275
— IV. — Les deux Chévres *(Eau-forte)* 278
A Monfeigneur le Duc de Bourgogne qui avoit demandé à M. de La Fontaine une fable qui fût nommée : Le Chat & la Souris 280
Fable V. — Le vieux Chat & la jeune Souris 282
— VI. — Le Cerf malade *(Eau-forte)* 284
— VII. — La Chauve-Souris, le Buiffon & le Canard. 286
— VIII. — La querelle des Chiens & des Chats, & celle des Chats & des Souris 289
— IX. — Le Loup & le Renard 292
— X. — L'Ecreviffe & fa fille 296
— XI. — L'Aigle & la Pie *(Eau-forte)* 298
— XII. — Le Milan, le Roy & le Chaffeur : A Son Alteffe fereniffime Monfeigneur le Prince de Conti 300
— XIII. — Le Renard, les Mouches & le Heriffon . . . 305
— XIV. — L'Amour & la Folie 307
— XV. — Le Corbeau, la Gazelle, la Tortue & le Rat : A Madame de la Sabliere 309

		Pages.
Fable XVI.	— La Foreſt & le Bucheron	315
— XVII.	— Le Renard, le Loup & le Cheval	317
— XVIII.	— Le Renard & les Poulets d'Inde *(Eau-forte)*	319
— XIX.	— Le Singe	321
— XX.	— Le Philoſophe ſcithe	323
— XXI.	— L'Elephant & le Singe de Jupiter *(Eau-forte)*	325
— XXII.	— Un Fou & un Sage	328
— XXIII.	— Le Renard Anglois : à Madame Hervay . .	330
— XXIV.	— Daphnis & Alcimadure, imitation de Theocrite : à Madame de la Meſangere	334
— XXV.	— Le Juge arbitre, l'Hoſpitalier & le Solitaire	338

Appendice : Le Soleil & les Grenouilles, imitation d'une fable latine 342
La Ligue des Rats 344

FIN DE LA TABLE DU DEUXIÈME ET DERNIER VOLUME.

www.ingramcontent.com/pod-product-compliance
Lightning Source LLC
Chambersburg PA
CBHW050419170426
43201CB00008B/466